KB259837

Da-Nang,
다낭

베트남 자유여행

지은이 **조영선 · 김세현**

다낭북스

다낭자유여행 가낭?

대한민국보다 2시간 늦으며, 비행기로 5시간 걸리는 베트남. 미국경제 전문지 〈포브스〉가 선정한 '세계에서 가장 아름다운 6대 해변' 중 하나를 간직하고 있는 다낭.

네, 다낭은 베트남의 수많은 여행지 중에서 여행객들은 물론 현지인들도 가장 좋아하는 여행지 중 한곳입니다. 따뜻한 날씨와 강과 바다가 만나는 그곳에서 베트남의 여유로움과 낭만을 흠뻑 느낄 수 있기 때문이 아닐까 생각합니다.

'큰 강의 입구'라는 뜻을 가진 다낭은 베트남 중부 지역의 최대 상업 및 항구도시로 베트남, 호찌민, 하노이, 하이퐁 다음으로 4번째로 큰 도시입니다. 다낭은 한강(Song Han)을 사이에 두고 선자 반도와 시가지로 나뉩니다. 선자 반도에는 지상최대의 낙원 미케 비치가 있고, 해안을 따라 고급 리조트들이 즐비하게 서있습니다.

미케비치(My Khe Beach)는 베트남 전쟁당시 미국의 휴양소로 활용될 만큼 아름다운 해변으로도 알려져 있습니다. 특히나 여행객들뿐 아니라 지역주민들에게도 인기가 좋아서 여행 중 베트남 현지인들을 직접 만날 수 있는 몇 안되는 곳이기도 합니다.

: : 오직 다낭에 머물고 싶은 당신을 위한 책

영국의 시인가겸 평론가인 사무엘 존슨 (Samuel Johnson, 1709 ~ 1784)은 이렇게 말했습니다.

"여행에서 지식을 얻어 돌아오고 싶다면 떠날 때 지식을 몸에 지니고 떠나야 한다."

이 책은 베트남 중에서도 오직 다낭에 대해서만 집중을 했습니다. 대부분의 여행객들이 낯선 나라로 여행을 갈 때 그 나라의 모든 것을 알고 싶어 산더미처럼 책을 쌓아두고 공부하지만 정작 자신이 가는 도시조차도 제대로 알지 못한 채 여행을 다녀오는 경우가 대부분인 것이 안타까웠기 때문입니다.

이는 마치 한국을 처음 방문한 외국인이 제주에서 1주일 구경하는데 조선왕조 시대부터 공부하는 것과 같은 우를 범하는 것입니다.

그래서 저희 다낭북스는 오직 다낭에 대한 소식과 사실들만을 가지고 책을 출판하기로 했습니다. 주변 여행전문가들의 자문을 받고 다양한 자료를 토대로 최대한 객관적인 입장에서 쓰려고 노력했습니다.

첫 다낭여행을 계획 중이신 분들을 위해 이미 여러 책과 온라인상에 소개된 맛집, 마사지, 리조트, 풀빌라, 쇼핑, 관광지 중 긍정적인 평가를 받은 곳만 모아 Best 5 점수를 매겨보았습니다.

아마 다낭을 이미 한번이라도 다녀오신 분이라면 동의하시리라 생각합니다. 또한 다낭의 1박 2일, 2박 3일 코스를 만들어서 자유여행 일정을 계획하실 때 시간을 단축할 수 있도록 하였습니다.

이 책을 다낭에 첫발을 내딛는 가이드라인으로 삼아 베트남의 맛과 다낭의 향을 듬뿍 담아오시기 바랍니다.

조영선 , 김세현

"세계는 한권의 책이다.
여행하지 않는 사람들은
그 책의 한 페이지만 읽는 것과 같다."

-아우구스티누스 (Aurelius Augustinus, BC 345 ~ 430)

Contents

008 다낭에 자유여행 가낭?

01

다낭에 대해 알고 있낭?

016 베트남 다낭의 기본정보
공휴일, 날씨, 긴급정보, 병원 및 대사관

022 베트남 다낭 여행자 정보
환전, 신용카드, 유심, 여권, 입국정보 등

032 베트남어 기본 회화
생활, 날씨, 식당, 숫자, 병원, 교통, 음식

02

다낭, 호이안, 후에 기본정보

042 PART 1 — 다낭궁금하낭?

046 PART 2 — 다낭시내지도

050 PART 3 — 호이안 궁금하호?

054 PART 4 — 호이안 시내지도

056 PART 5 — 후에 궁금하후?

058 PART 6 — 후에 시내지도

다낭맛집 — 맛집 가봤낭?

062 BEST 1 — 람비엔

063 BEST 2 — 버거브로스

064 BEST 3 — 베안 씨푸드

065 BEST 4 — 바빌론스테이크가든

066 BEST 5 — 베일웰

다낭마사지 — 마사지 받낭?

068 BEST 1 — 월드스파

069 BEST 2 — 하타스파

070 BEST 3 — 살렘스파가든

071 BEST 4 — 노아스파

072 BEST 5 — 호이안매직스파

다낭관광 — 관광 뭐하낭?

098 BEST 1 — 미케 비치
099 BEST 2 — 드래곤 브릿지
100 BEST 3 — 바나힐
101 BEST 4 — 마블 마운틴
102 BEST 5 — 다낭 대성당
104 BEST 1 — 다낭 C.C
105 BEST 2 — 라구나 랑코 골프장
106 BEST 3 — 몽고메리 골프장

다낭숙소1 — 컨셉별 숙소

074 럭셔리 — 하얏트호텔, 메리아리조트
076 가성비 — 샌드비치, 하나다부티크
078 가성비 — 브릴리언트, 서린호텔
080 다낭시내 — 라이즈마운트, 블라섬
082 호이안 — 실크마리나, 골드샌드
* 풀빌라 싸게 예약하는 Tip

다낭숙소 2 — 추천 숙소

086 BEST 1 — 나만 리트리트리조트
087 BEST 2 — 앙사나 리조트
088 BEST 3 — 반야트리 리조트
089 BEST 4 — 퀸즈핑거
090 BEST 5 — 씨가든

03
다낭 여행계획 세워볼까낭?

108 한눈에 보는 컨셉별 투어소개
1박2일, 3박4일, 일주일, 자녀,
부모님, 남자끼리, 여자끼리 투어일정

114 투어 & 일정 상세소개
호텔수영장 ▶ 영흥사 ▶ 바이크투어 ▶
다니힐 ▶ 마사지 ▶ 다낭대성당 ▶ 용다리

130 다낭의 밤문화
맛보기로 알아보는 다낭 밤문화 및 언어

134 다낭 자유여행 또 오낭?

다낭쇼핑 — 뭐하낭?

092 BEST 1 — 빈컴 플라자
093 BEST 2 — 롯데 마트
094 BEST 3 — 빈마트 다낭 빈컴센터
095 BEST 4 — 빅씨
096 BEST 5 — 꼰시장

01

다낭에 대해 알고 있낭

016 베트남 다낭의 기본정보
공휴일, 날씨, 긴급정보, 병원 및 대사관

022 베트남 다낭 여행자 정보
환전, 신용카드, 유심, 택시, 여권, 입국정보

032 베트남어 기본 회화
생활, 날씨, 식당, 숫자, 병원, 교통, 음식

베트남 다낭

기본정보

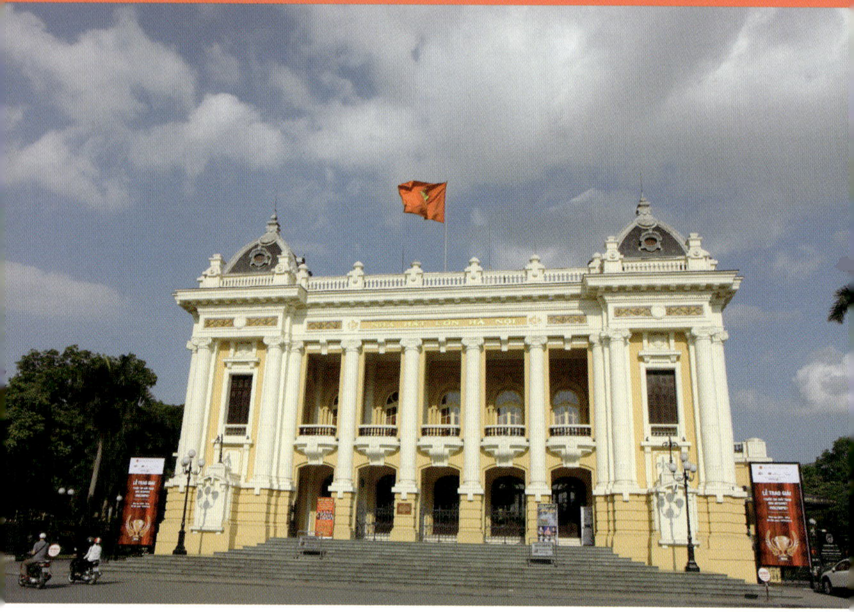

베트남 이것만은 알아두자!

- 국명: 베트남 사회주의공화국
- 위치: 인도차이나반도 동부
- 수도: 하노이
- 면적: 약 33만Km² (한반도의 1.5배)
- 인구: 약 100만 명
- 언어: 베트남어, 소수 민족 언어 4종
- 종교: 불교, 가톨릭, 까오다이교
- 화폐: 동(500동, 1천동, 2천동, 1만동, 2만동,
- 5만동, 1만동, 20만동, 50만동).
- 10만동은 우리 돈으로 약 5천원,
- 20만동은 약 1만원
- 국가번호: 84

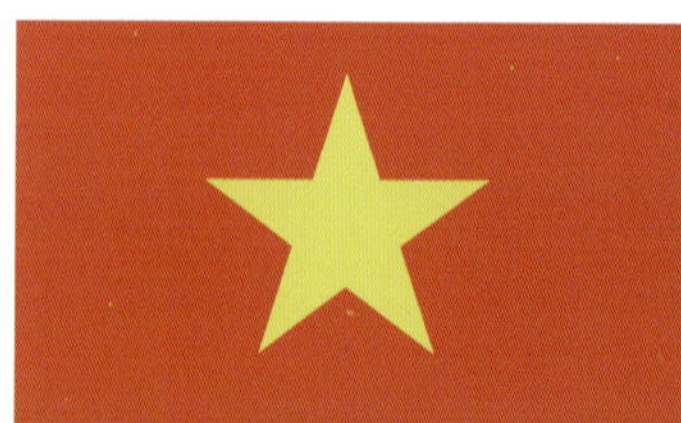

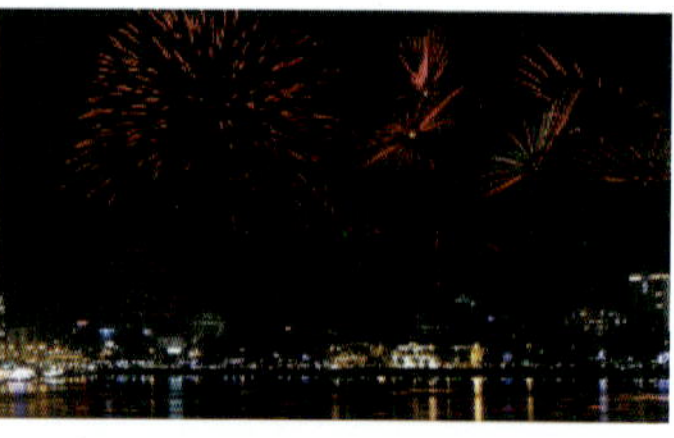

베트남의 10대 공휴일

- 신년: 1월 1일
- 설 연휴: 음력 1월 1일~4일
- 공산당 창당기념일: 2월 3일
- 건국 시조 기념일(전몰장병 기념일)
  음력 3월 10일
- 석가탄신일: 음력 4월 8일
- 승전기념일: 4월 30일
- 노동절: 5월 1일
- 호치민 생일: 5월 19일
- 어린이날: 6월 1일
- 독립기념일: 9월 2일
- 추석: 음력 8월 15일

봄 : 3~5월, 평균온도 26도~33도

겨울이 지나 선선했던 다낭의 날씨가 슬슬 더워 지기 시작하는 때이다. 봄에는 맑은 날씨 속에서 다낭의 좋은 전망과 풍경을 볼 수 있다. 그러나 봄이라고 방심해서는 안된다. 종종 비가 내리기 도 한다. 5월부터는 기온이 30도 이상 올라가기 도 하니까 주의하자.

여름 : 6~8월, 평균온도 32도~34도

여름에 더운 날씨는 위험할 수 있다. 태양열이 강할 때에는 실내로 들어가는 것이 좋다. 봄보다 더욱 자외선 차단에 힘써야 한다. 뜨거운 날씨를 좋아하지 않는 사람들은 이때를 피해야 한다. 수 영을 좋아하거나 해양 스포츠 마니아들에게는 아주 좋은 시기이다.

가을 : 9~11월, 평균온도 27도~30도

 500~1,000mm의 비가 내리는 우기가 본격적 으로 시작된다. 한국의 장마와는 다르게 다낭의 우기는 한 번 비가 내리기 시작하면 집중적으로 한 달, 두 달 내내 비가 온다. 매일 20분-1시간 씩 비가 내리기 때문에 우산과 우비는 필수이다.

겨울 : 12~2월, 평균온도 23도~26도

베트남에서 가장 추운 시기이다. 춥다고 해서 자 외선이 없는 것은 아니니 다낭에서 사계절 내내 자외선 차단은 필수이다. 다낭에서 추운 정도면 한국에서는 봄날씨이다. 겨울 외투를 입을 정도 로 추운 것은 아니고 서늘한 정도이기 때문에 가 디건이나 가볍게 걸칠 옷을 준비하는 게 좋다.

범죄신고 : 113

베트남정부에서 여행객들의 소매치기, 범죄 등을 예방하기 위해서 노력을 하지만 만약을 위해서 베트남 경찰과 한번에 연결될 수 있는 비상번호를 알아두자. 한국을 여행하든 베트남을 여행하든 내가 조심하는 것이 우선!

화재신고: 114

베트남은 목조로 된 건물이 많은 만큼 화재의 위험성도 다른 나라보다 높다. 또한 안전장치 없이 불을 활용한 요리가 많기에 언제 어디서 비상상황이 생길지 모른다. 이에 베트남 119같은 화재신고 번호를 알고 있으면 화재시에 당황하지 않고 상황에 대처할 수 있다.

응급환자(구급차) 115

해외에서 아픈것 만큼 서러운 것이 없다. 아플때 아프더라도 응급환자 이송을 위한 번호를 미리 알아두자. 외진 곳에 있을 경우 응급상황에 대처하기 어려울 수도 있으니 가능한 눈에 띄는 지명이나 건물 등을 주의깊게 보고 다니도록 하자.

외교부 00-82-2-3210-0404

해외에 나가면 모두가 다 애국자가 된다고 하지 않았나? 아무리 경찰차, 응급차가 옆에 있어도 비상상황에 한국말을 듣는 것보다 반가운 것은 없다. 한국 직통으로 연결되는 외교부 콜센터 번호를 알아두고 긴급할 때 활용해보자.

다낭병원

다낭병원(bệnh viện HOÀN MỸ Đà Nẵng)
주소: Q. Thanh Khê, 161 Nguyễn Văn Linh,
Thạc Gián, Q. Thanh Khê, Da Nang
연락처: +84 511 3650 676
구글맵: 16.059574, 108.209953
홈페이지: hoanmy.com

후에병원

후에병원(Hue Central Hospital)
주소: 16 Lê Lợi, Vĩnh Ninh, tp. Huế, Thừa
Thiên Huế
연락처: +84 54 3822 325
구글맵: 16.463062, 107.587690
홈페이지: bvtwhue.com.vn

한국 대사관(하노이)

주소 : 28th Fl., Lotte Center Hanoi, 54 Lieu
Giai St., Ba Dinh District, Hanoi, Vietnam
전화 : 04) 3831-5110~6 (베트남에서 걸 때),
+84-4) 3831-5110~6(한국, 해외에서 걸 때)
구글맵: 21.032047, 105.812717
긴급전화 : (사건사고) +84)90-462-6126,
+84)90-467-0859

한국 총영사관(호치민)

주소 : 107 Nguyen Du, Dist 1, HCMC
전화번호 : 3822-5757/ 긴급 연락처(당직자) :
093-850-0238
긴급연락처) 근무시간: 00-84-8-3824-2639
근무시간 외: 00-84-893-850-0238

여권

여권 만료기간이 6개월 이상이 남아야 출입국이 가능합니다. 간혹 만료기간을 잘못 알고 공항까지 오신분들이 있는데 이러한 분들은 긴급 단수 여권을 만들어 활용할 수 있습니다. 단, 긴급성을 요하는 비즈니스출장임을 입증하고, 모든 책임은 본인에게 있습니다.

비자

무비자로 15일 동안 베트남에 머무를 수 있다. 15일 이상 머무르거나 한 달 내에 다시 입국해야 한다면 도착비자를 발급 받아야 한다. 베트남 대사관보다 현지 여행사가 저렴하다.

항공권

인천공항에서 출발하는 다양한 항공권이 있다. 항공권은 단체 여행, 비수기, 여행 기간, 경유 노선인지 여부에 따라서 할인 받을 수 있으니 참고하자. 대부분 다낭은 저녁이나 새벽에 도착하는 경우가 많으므로 픽업 수단 및 호텔 이동경로를 확인해두어야 합니다.

여행자보험

여행 중에 불의의 사고는 언제 닥칠지 모를 일이니 만일의 사고나 손해를 대비하여 반드시 가입한다. 병원 치료 시에는 진단서와 영수증을 꼭 챙겨야 귀국 후 보상을 받을 수 있다.

베트남환전

한국은 환전수수료가 높기 때문에 고액권 달러로 환전한 뒤 베트남 현지(공항, 은행, 호텔)에서 동으로 환전하는 것이 이득이다. 베트남에서는 달러의 환율이 좋기 때문이다.

베트남에서는 한국 돈을 거의 사용하지 못한다. 달러 또한 호텔/리조트 등의 팁외 거의 사용하지 못하니달러를 가지고 다니는것도 별 소용 없다.

환전 시 가능한 100불로 환전하는 것이 좋다. 가끔 한국처럼 신용카드만 가지고 다니는사람이 있는데 신용카드(비자/마스)도 일부장소에서만 사용가능하다. 베트남은 특히나 현금을 충분히 준비해야한다. 베트남 돈으로 환전했다가 다시 한국돈으로 환전할경우 손해가 크므로 가능한 사용 할 금액만 환전 해야한다.

베트남 다낭
여행자정보

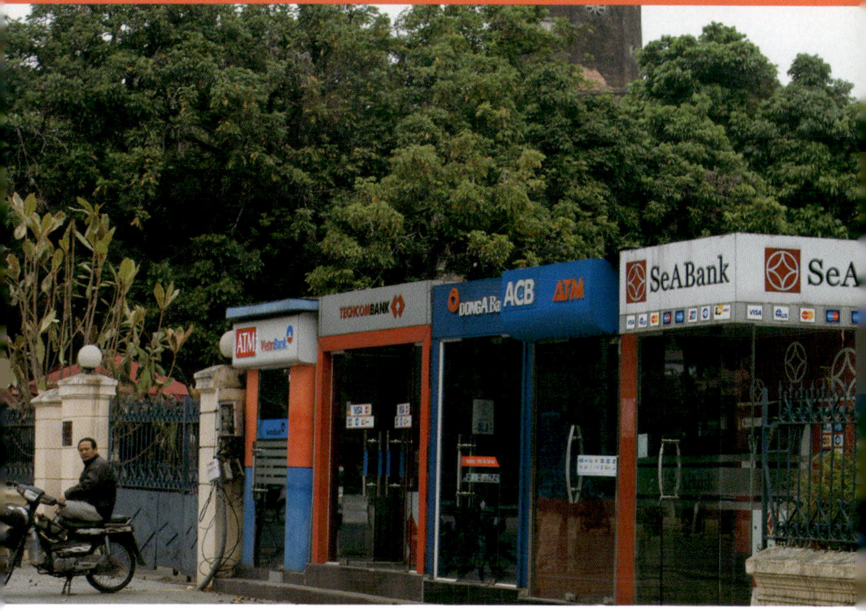

베트남에서 현금카드 vs 신용카드

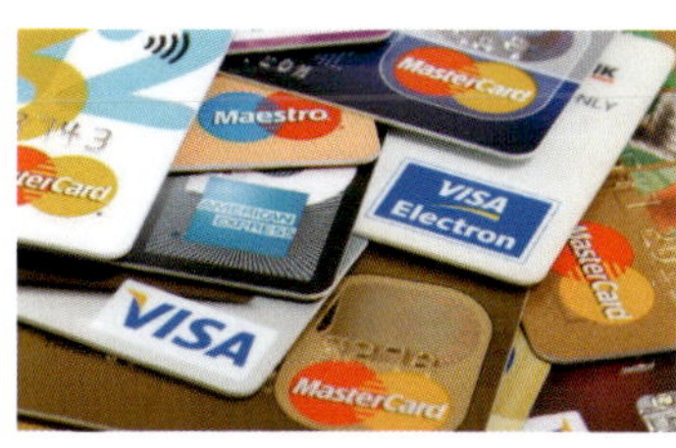

신용카드

주로 호텔과 레스토랑에서 사용한다. 체크인 시 신용카드 제시를 요청하는 경우도 있다. 현지에 있는 저렴한 가게나 택시요금 등은 현금을 사용해야 한다.

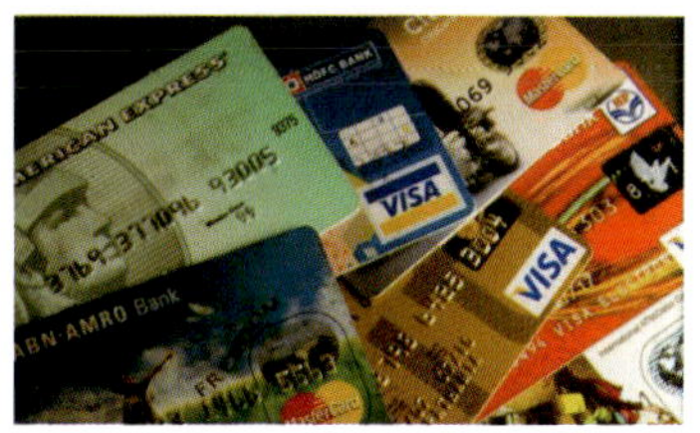

현금카드

베트남 공항과 호텔 그리고 시내 곳곳에 ATM기가 있다. 국제 현금카드 사용 시 대체로 1%의 인출수수료를 부과하지만 베트남에서는 EXK카드를 쓰면 부담을 줄일 수 있다

효율적으로 유심칩 활용하는 법

유심침에 대해서 문의가 많아 다시 한 번 정리해드리고자 합니다. 다낭의 현지인 숙소를 제외한 대부분 와이파이가 됩니다. 다만, 투어 중, 또는 길을 걷거나 건물이 아닌 곳에서 긴급하게 연락을 하거나 구글맵을 자주 볼것에 상황이 생기므로 일행 중 한명은 꼭 유심침을 구매하는 것이 좋습니다. 2017년 1월 기준으로 보통 1만원 내외면 전화까지 되는 유심칩을 구할 수 있습니다. 추천드리는 건, 만약의 상황을 대비해 일행 중 한분만 전화가 되는 유심으로하시고 나머지는 기본 유심으로 하시거나 구입하지 않으시는 것이 비용면에서 유리합니다. 안부 전화는 숙소에 돌아와 와이파이를 활용해 카카오 보이스톡으로 무료로 이용하셔도 됩니다.

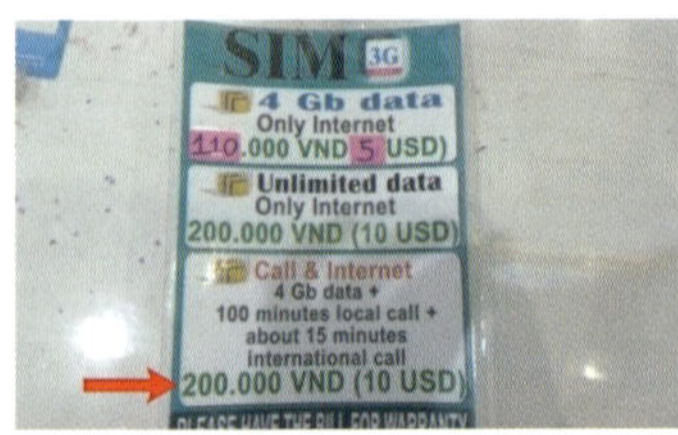

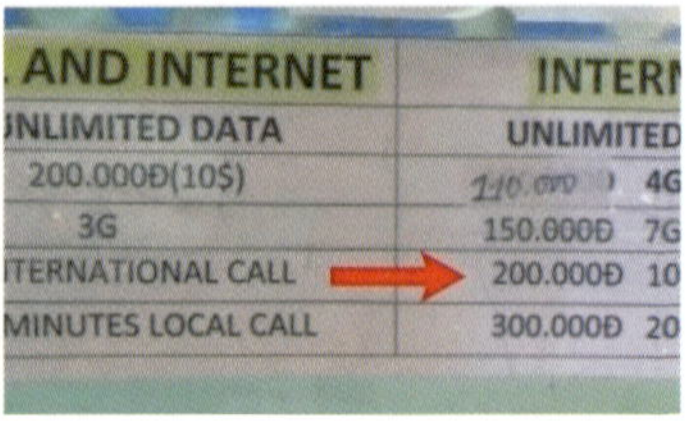

3인 이상 이동할땐 픽업벤이나 렌트가 유리하다

택시요금 필요

"다낭은 택시요금이 싸냐고요? 다낭 택시요금은 답이 없어요." 현지 교포의 말이다. 다낭이 택시를 타면 저렴할 거라고 생각을 하지만 절대 그렇지 않다. 기본 요금도 택시마다 다를뿐더러 외국인에게 미터를 속이는 것이 다반사이다. 또한 4인승 택시 뒷자리가 불편해 3명밖에 타지를 못한다. 즉, 4인 가족이 이동하려면 7인승 택시를 타야하는데 그러면 차라리 픽업이나 렌트를 하는 편이 낫다는 것이다. 특히나 다낭시내에서 멀리떨어진 골프장이나 숙소를 예약할 경우 택시에 대한 문의를 많이 하는데, 비용뿐 아니라 편안함 측면에서도 픽업하러 오는 벤이 훨씬 나으니 픽업벤이나 렌트카를 활용하는 것을 적극적으로 생각해보자.

다낭 소매치기/ 날치기 팁

다낭의 인기가 계속적으로 상승하면서 한국 관광객들이 많이 찾고 있다. 그만큼 한국 관광객들에 대한 범죄와 사기와 도둑질이 늘어나고 있다. 특히 가방을 맬 때에는 확실히 잠그고 내 눈 앞에 보이도록 들고 다니는 것이 좋다. 호텔에서도 역시 가방 문을 닫고 외출하는 것이 좋다.

유심카드

호텔이나 식당에서 무료 와이파이를 사용할 수 있지만 비상시를 대비해 공항이나 핸드폰 매장이나 우체국에서 현지의 유심카드를 반드시 구입해서 사용하도록 하자. 한국폰을 로밍 할 경우 현지에서 유심카드를 사용하는것보다 비용이 몇 배로 많이 들어갈수 있으니 비교해보자.

다낭 여권 분실 시

먼저, 모든 분실에 대한 책임은 본인에게 있다. 자기 것은 자기가 챙겨야 한다. 만약 여권을 분실했다면 근처에 있는 파출소로 당장 가야 한다. 파출소에 가면 국적. 성명, 나이, 여권번호, 여권발행일 등의 정보를 알려주고 여권분실신고서를 받아야 한다. 분실하지 않는 것이 가장 좋다

다낭시내까지 가는 방법

다낭공항에서 시내는 거리가 멀지 않다. 택시를 타고 20분 정도 걸린다. 다른 교통수단은 이용하기 힘들기 때문에 택시타는 것을 가장 추천한다. 물론 택시를 탈 때는 흥정하는 것도 다낭여행을 하는 하나의 재미이니 잊지 말자.

베트남 다낭

입국 시 주의할 점

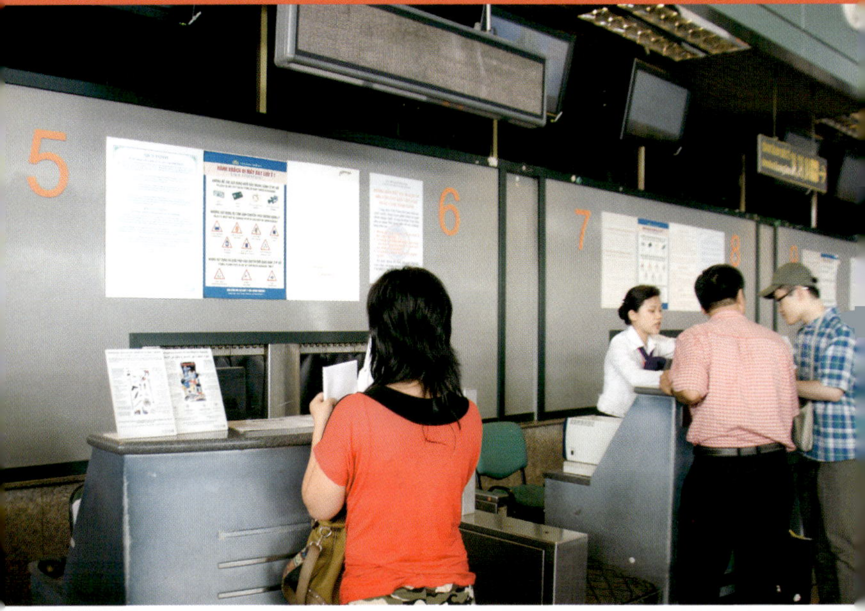

15세 미만의 아이가 입국할때

*** 부모가 만 15세미만 아이와 동반하는 경우**

아버지와 입국하는 경우 : 아버지가 있으므로 아무 문제없다.

어머니와 아이들만 입국하는 경우 : 어머니와 아이의 성이 다르므로 반드시 영문주민등록등본(아버지, 어머니와 아이들이 나온)이 필요하다.

*** 부모없이 15세미만 아이와 동반하는 경우**

부모미동반 동의서 및 공증필요

필요서류 : 영문주민등록등본(아이와 부모가 함께 나온 서류) / 인솔자분 영문 / 아이의 영문 / 부모님의 한글명, 영문명 필요

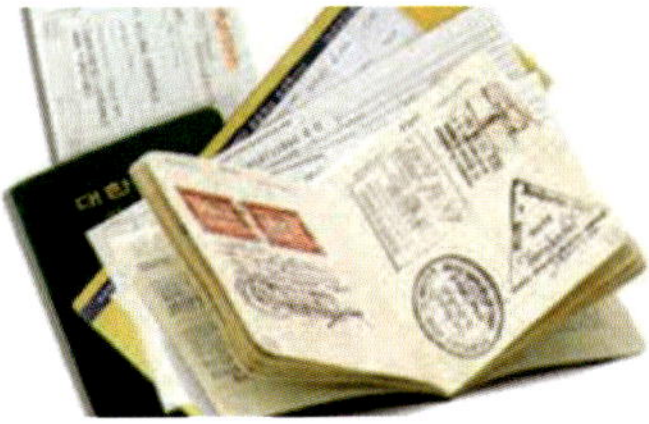

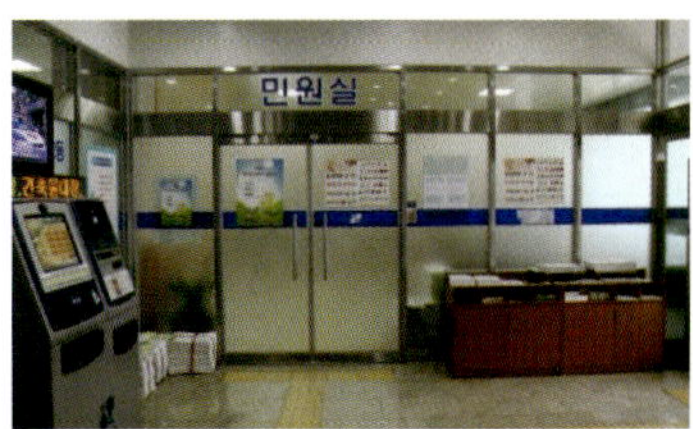

비나선 VINASUN

다낭 공항에 도착해서 가장 먼저 만날 수 있는 믿을 수 있는택시. 다낭은 아직도 택시바가지요금, 미터기 꺾기등의 대해 규제가 심하지 않아 외국인들은 표적이 되기 쉽다. 그런데 비나선 택시는 기사들의 유니폼 착용 및 확인증 발급 등으로 여행객들의 신뢰를 한몸에 받고 있다.

마이린 MAI LIHN

대체로 기사들이 전부 친절해 사용객들의 만족도가 매우 높은편이다. 색도 초록색이라 가장 눈에 잘띄며 비나선 택시와 함께 관광객들의 신뢰를 얻는 택시로 유명하다. 길가다가 믿을만한 택시를 타고 싶을땐 가능한 마이린을 잡기 바란다.

띠엔 사 TIEN SA

롯데마트나 비엔씨마트 앞에 쫙 깔려 있는 택시들이다. 직접 타본 분들의 후기에 의하면 택시기가들이 기본매너가 다른 택시에 비해 뒤쳐진다. 또한 운전 중에 담배를 피는 등의 행동을 한다는 이야기가 들려오기도 하는 택시회사이다.

한강 SONG HAN

가장 최근에 생긴 택시업체로 그만큼 차량은 다른회사에 비해 좋다. 다낭에서는 바니힐이나 호이안처럼 1~2시간 이상 가는 곳이아니라면 크게 흥정할 필요는 없다.

베트남 여행 TIP

위즐 커피

브라질에 이어 커피 2번째 생산국인 베트남, 중남미 커피와는 또 다른 매력을 가지고 있다. 사향족제비(위즐)가 커피열매를 먹고 배출한 원두를 채취, 세척후 햇볕에 말린 것. 쓰지 않고 산뜻하고 크리미한 맛과 헤이즐럿 향을 느낄 수 있음.

콘삭 커피

다람쥐가 커피를 먹고 배설한 것으로 만든 커피로 유명함. 특유의 모카향이 많이 남. 베트남에 여행을 다녀오는 많은 이들이 구매하는 커피. 보통 핸드드립으로 뜨거운 물만 있으면 바로 먹을 수 있도록 1회용으로 만들어져 있다. 슈가도 들어있으니 본인의 취향에 맞춰 먹으면 된다.

Sang tao 8

G7과 같은 제조사인 쭝웬사에서 나온 고급 커피로 나폴레옹 그림이 들어가 있는 것이 특징이다. 각 커피별 숫자가 들어가 있는데 1~9까지의 숫자표시는 카페인의 레벨을 표시하는 것이다. 숫자가 높을수록 카페인이 적고 맛이 더 좋다.

레전드커피

고급커피로 여겨지는 Sangtao8 커피와 쌍벽을 이루는 커피로, 내려먹는 원두커피다. 외관포장부터 고급스로운 원목으로 되어있고, 뚜껑을 개봉하면 나뭇잎이 하나들어 있어 시각 또한 자극시켜준다. 소중히 챙겨야할 사람이 있다면 추천한다.

베트남 여행 TIP

선물리스트

과일로는 말린망고나 케슈넛이 좋다. 캐슈넛은 껍질이 있는것이 맛있고 품질이 좋다고 한다. 여성들은 아오자이라는 베트남 전통의상도 맞춤으로 구매해 가는데 아오자이의 경우 아직 정해진 가격이 없어 흥정을 통해서 가격을 깎을 수 있다 물론, 흥정의 능력이 필요하다.

K-MART

이름은 마트이지만 크기와 제품구성은 우리나라 편의점과 비슷하다. 한국음식을 파는 곳으로 한국인이 평소에 즐겨먹는 과자, 라면, 음료 등을 구할 수 있다. 미케비치와 다낭시내 두군데에 있다. 가격은 우리나라와 크게 다르지 않으므로 이왕이면 여행기간 중에는 현지음식을 먹어보도록 하자.

구정은 피해서 방문하기

베트남 명절은 우리나라와 비슷하다. 구정 때는 모든 상점이 문을 닫으므로 최대한 여행은 자제해야 한다. 구정을 기점으로 다낭의 물가가 오르기 때문에 구정 이후 방문할 예정이라면 그전에 예약을 해놓자.

키즈카페

롯데, 빅씨, 빈컴마트에 있다. 다녀온사람들의 아이들이 다 좋아한다. 우리나라 시설 보다 조금 떨어지지만 아이들을 맡겨놓고 쇼핑을 하거나 지인들의 선물사기에는 더할나위 없이 좋은 시설이다. 놀아주는 사람은 없고 관리하는 사람만 있으니 미리 알고갈것.

한인잡지

각종 할인쿠폰과 정보가 가득한 한인잡지는 다낭시내 주변 K-MART와 부동산 그리고 호텔에 비치되어 있다. 잡지에서 인터넷에서 얻을 수 없는 정보들을 얻을 수 있으며 수시로 베다자(베트남자유여행 자유여행가이드)와 다낭할인쿠폰에서 확인 할 수 있다.

스냅사진

리틀하와이라는 별명답게 신혼여행을 오는 부부나 커플이 늘고 있다. 미케비치와 호이안, 하이반패스 등 다낭의 자연과 멋스러움을 이용한 스냅촬영은 최고의 추억을 선사할 것이다. 스냅사진 또는 영상을 만들고 싶다면 네이버카페〈다낭할인쿠폰〉에 문의하자

베트남어 기본회화

1-1 기본단어

경찰	công an, cảnh sát(꽁 안, 까잉 쌋)	엘리베이터	thang máy(탕 마이)
경찰서	đồn cảnh sát(돈 까잉 쌋)	거울	cái gương(까이 그엉)
강도	cướp tài sản(끄엉 도)	화장실	nhà vệ sinh(냐 베 씽)
경고	cảnh báo(까잉 까오)	화장지	giấy vệ sinh(저이 베 씽)
불	lửa(르아)	나이	tuổi(뚜오이)
안전	an toàn(안 또안)	한국	Hàn Quốc(한 꾸옥)
긴급	khẩn cấp(컨 껍)	한국어	tiếng Hàn Quốc(띠엥 한 꾸옥)
공원	công viên(꽁 비엔)	한국인	người Hàn Quốc(응으어이 한 꾸옥)
노래	bài hát (바이 핫)	베트남	Việt Nam(비엣 남)
마사지	mát xa(맛 싸)	가방	bao(바오)
냄새	hương, thơm(흐엉 텀)	담요	chăn(짠)
생일	sinh nhật(씽 녓)	베개	cái gối(까이 고이)
샤워	tắm(땀)	모자	cái mũ(까이 무)
서명	kí tên(끼 뗀)	손수건	khăn tay(칸 따이)

베트남어 기본회화

1-2 시간 & 날씨

아침	buổi sáng(부오이 쌍)		태풍	nbão to(바오 또)
정오	giữa trưa(즈아 쯔아)		비	mưa(므아)
오후	buổi chiều(부오이 찌에우)		천둥 / 번개	sấm / ch(섬 / 초)
야간	ban đêm(반 뎀)			
밤	đêm(뎀)			
지금	bây giờ(버이 저)			
식사시간	giờ ăn(저 언)			
어제	Hôm qua(홈 꽈)			
오늘	Hôm nay(홈나이)			
내일	Ngày mai(응아이 마이)			
덥다	nóng / nóng bức(농 / 농 북)			
따뜻하다	Ấm áp(엄 압)			
시원하다	mát mẻ(맛 매)			
춥다	lạnh(라잉)			

1-3 생활용어

안녕하세요	Xin chào.(씬 짜오)
안녕하세요 만나서 반가워요	Chào chị, rất vui được gặp chị.(짜오 찌, 젓 부이 드억 갑 찌)
안녕히 가세요	Tạm biệt.(땀비엣)
다시 만나요	Hẹn gặp lại.(헨갑라이)
감사합니다	Cám ơn.(깜언)
미안합니다 또는 실례합니다	Xin lỗi.(신로이)
괜찮습니다	Tất cả các quyền.(떳 까 깍 꾸옌)
알겠습니다	Tôi hiểu.(또이히에우)
매우 좋다	Tốt quá.(똣 꾸아)
있다	Có.(꼬)
어떠세요?	Dạo này sống thế nào?(자오 냐 쏭 테 나오)
비것은 무엇입니까?	Cái gì vậy?(까이 지 버이)
이름이 무엇입니까?	Tên của bạn là gì?(뗀 꾸아 반 라 지)

베트남어 기본회화

1-4 금액비용 & 숫자

거스름돈	tiền trả lại(띠엔 짜 라이)	1	một(못)
달러	đô la(도라)	2	hai(하이)
돈	tiền(띠엔)	3	ba(바)
가격	giá cả(자 까)	4	bốn(본)
비용, 요금	chi phí, tiền(찌 피, 띠엔)	5	năm(남)
사다	mua(무아)	6	sáu(싸우)
팔다	bán(반)	7	bảy(바이)
영수증	biên lai(비엔 라이)	8	tám(땀)
은행	ngân hàng(응언 항)	9	chín(찐)
지불하다	chi trả, thanh toán(찌 짜, 타잉 또안)	10	mười(무어이)
품절	cạn kho(깐 코)	100	một trăm(못 짬)
합계	tổng(똥)		
환불	hoàn lại tiền(호안 라이 띠엔)		
환전(하다)	sự đổi tiền(쓰 도이 띠엔)		

1-5 식당가게

식사	bữa cơm(브아 껌)	맛없다	Không ngon.(콩 응온)
아침식사	bữa sáng(브아 쌍)	얼마입니까?	Bao nhieu(바우 니~우)
점심식사	bưa trưa(브아 쯔아)	계산하다	tính tiền(띠인 띠엔)
저녁식사	bữa tối(브아 또이)	값이 싸다	giá rẻ(자 재)
건배	vô(보)	값이 비싸다	giá đắt(자 닷)
가게	cửa hàng(끄아 항)	나는 돈이 없습니다	Tôi không có tiền.
면세점	cửa hàng miễn thuê		(또콤꼬띠엔)
	(끄아 항 미엔 투에)		
적다	Ít(잇)		
많다	nhiều(니에우)		
깍을 수 있습니까?	Vat duoc khong(벗 드윽 콩)		
요리(하다)	nấu ăn(너우 안)		
짜다(맛)	mặn(만)		
배고프다	Đói bụng.(도이 붕)		

베트남어 기본회화

1-6 음식

음식	thực ăn(특 안)	**얼음**	nước đá(느억 다)
계란	trứng(쯩)	**맥주**	bia(비아)
고기	thịt(팃)	**레스토랑**	nhà hang(냐 항)
닭고기	thịt gà(팃 가)	**메뉴**	thực đơn(특 던)
돼지고기	thịt lợn(팃 런)	**밥**	cơm(껌)
쇠고기	thịt bò(팃 보)	**샌드위치**	bánh sandwich(바잉 싼우익)
과일	hoa quả(호아 꾸아)	**샐러드**	rau xa lát(자우 싸 랏)
야채	rau(자우)	**숟가락**	cái thìa(까이 티아)
과자	kẹo(깨오)	**젓가락**	đua(두아)
국수	phở(퍼, 직사각형 모양의 면)	**아이스크림**	kem(깸)
국수	bún(분, 가늘고 동그란 모양의 면)	**우유**	sữa(쓰아)
국수	mì(미, 계란 노른자로 만든 면)	**차(음료)**	trà, chè(짜, 째)
냅킨	khăn giấy(칸 저이)	**컵**	cốc(꼭)
물	nước(느억)		

베트남어 기본회화

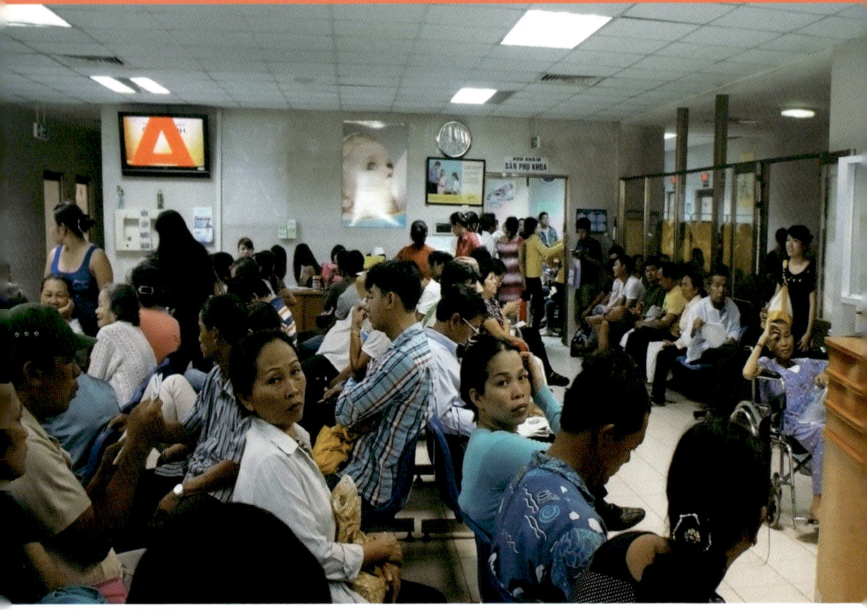

1-7 병원

간호사	y tá(이 따)
감기, 독감	cúm(꿈)
감기약	thuốc ho(투옥 호)
구급차	xe cấp cứu(새 껍 끄우)
의사	bác sĩ(박 씨)
병, 아픈	bệnh tật(베잉 떳)
병원	bệnh viện(베잉 비엔)
부상(당하다)	bị thương(비 트엉)
아프다	đau(다우)
어지럽다	choáng váng(쪼앙 방)
약	thuốc(투옥)
약국	hiệu thuốc(히에우 투옥)
주사(하다)	tiêm(띠엠)
진통제	thuốc giảm đau(투옥 잠 다우)

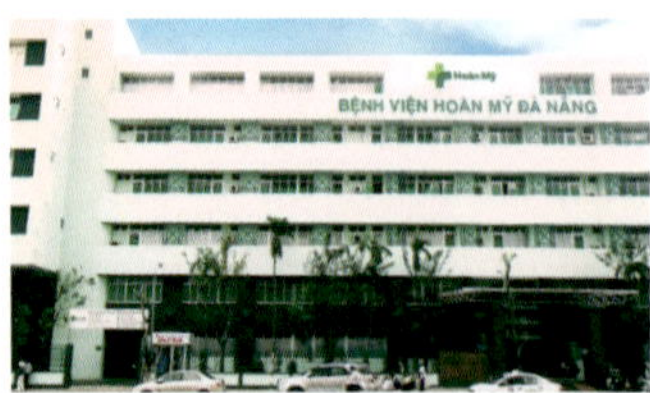

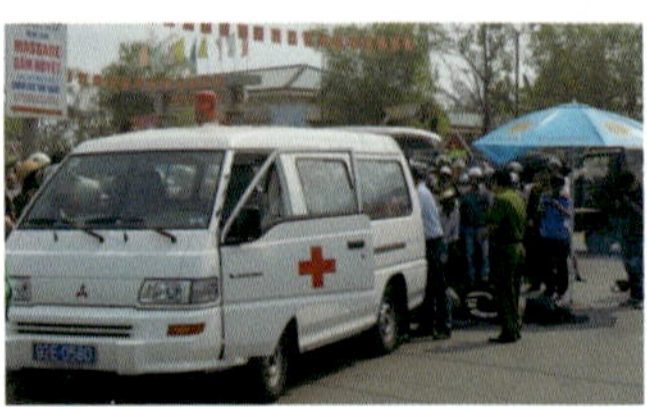

1-8 교통

공항	sân bay(썬 바이)	시내지도	bản đồ nội thành(반 도 노이 타잉)
관광	du lịch(주 릭)	신혼여행	tuần trăng mật(뚜언 짱 멋)
신호등	đèn giao thông (댄 자오 통)	여객선	tàu thuỷ chở khách(따우 투이 쩌 카익)
기차	tàu hoả (따우 호아)	여권	hộ chiếu(호 찌에우)
길	đường (드엉)	여행	du lịch(주 릭)
내리다	lột mu xuống(롯 무 쑤옹)	역	trạm(짬)
도로, 거리	đường phố(드엉 포)	열차	tàu hoả, xe lửa(따우 호아, 쎄 르아)
목적지	điểm đến(디엠 덴)	오토바이	xe máy(쎄 마이)
배(선박)	thuyền(떠이엔)	운전(하다)	lái xe(라이 쎄)
버스	xe buýt(쎄 부잇)	자동차	xe ô tô(쎄 오 또)
비행	chuyến bay(쭈옌 바이)	주차 금지	không đậu xe(콩 더우 쎄)
비행기	máy bay(마이 바이)	스톱, 정지	dừng lại, đình chỉ(증 라이, 딩 찌)
승객	khách(카익)		
승용차	xe khách(쎄 카익)		

02

다낭, 호이안, 후에
기본정보

042   PART 1 — 다낭 궁금하낭?

046   PART 2 — 다낭 시내지도

050   PART 3 — 호이안 궁금하호?

054   PART 4 — 호이안 시내지도

056   PART 5 — 후에 궁금하후?

058   PART 6 — 후에 시내지도

다낭 궁금 하낭? 1

1. 용교

용다리, 드래곤 브릿지(Dragon Bridge) 라고도
불리우는 용교는 용의 모습을 그대로 본 따 만든
다낭의 명물입니다. 길이 666미터 행운의 다리
로 주말 저녁 9시에는 다리를 통제한 채 불쇼와
물쇼 이벤트가 펼쳐집니다. 다낭 용교는 다낭의
상징이자 야경 감상의 백미라고 할 수 있습니다.

2. 참 조각 박물관

다낭 용다리 바로 앞에 위치한 참박물관은 참파
족의 역사와 문화를 만날 수 있는 공간입니다.
4~13세기 동안 베트남 남쪽을 지배하던 인도네
시아 계통 참파왕국의 유물들을 모아놓은 곳이
며 인도의 영향으로 힌두교와 불교적 요소가 섞
인 것이 특징입니다.

3. 까오다이교 사원

까오다이교는 1917년 만들어진 베트남의 신흥
종교로, 세계 5대 종교인 기독교, 이슬람교, 불
교, 유교, 도교를 바탕으로 창시되었습니다. 다
낭의 까오다이교사원은 베트남에서 두 번째로
큰 규모를 자랑합니다. 다낭 대성당에서도 멀지
않아 다낭시내관광 코스로 인기가 많습니다.

4. 오행산

다섯 개의 봉우리로 이루어진 세계최고의 대리
석 산이며 마블 마운틴(Marble Mountain) 이라
고 불리는 오행산은 베트남의 성지입니다. 다섯
개의 봉우리는 나무, 금속, 흙, 불, 물을 나타낸
답니다. 가장 큰 봉우리는 하늘로 난 구멍이 있
으며, 전쟁 당시 폭격 때문인데 이 구멍을 통해
들어오는 빛이 신비로운 분위기를 자아냅니다.

5. 사랑의 부두와 인어분수상

다낭 한강의 용다리와 한강다리 사이에 위치한
사랑의 부두에는 인어분수상과 DHC마리나가
있습니다. '사랑의 자물쇠'의 명소로 알려진 프
랑스 퐁데자르 다리나 이탈리아 밀우이오 다리
를 본떠 만들어졌으며 한강 유람선 승강장으로
이용되고 있습니다.

6. 빈컴 몰

다낭의 3대 몰 중의 하나인 빈컴몰은 2015년 7
월에 오픈한 4층짜리 대형몰입니다. 1층 입구에
는 베트남의 스타벅스라 불리는 하이랜드 커피
체인점이 있고 지오다노, 아디다스 등의 브랜드
가 입점되어 있습니다. 2층의 빈마트에는 여행
자를 위한 쇼핑상품이, 3층에는 대규모 키즈카
페가 있습니다.

다낭 궁금하낭? 2

7. 바나힐 리조트

바나산 국립공원 내 위치한 바나힐은 아이들과 여행온 가족에게 최고의 관광장소로 꼽힙니다. 해발 1500m에 자리잡은 테마파크는 입장료만 내면 무료로 이용이 가능합니다. 5200m의 케이블카를 타고 산꼭대기까지 이동하는 30여분 동안 바나산의 절경을 보실 수 있습니다.

8. 다낭 대성당

다낭시내의 랜드마크인 다낭 대성당입니다. 다낭시내 관광은 수탉성당, 핑크성당으로도 잘 알려진 다낭 대성당으로부터 시작된다고 보아도 됩니다. 다낭에서 유일하게 볼 수 있는 프랑스풍 가톨릭 성당으로 베트남이 프랑스에 식민지 지배를 받던 1923년에 지어졌습니다.

9. 한강야경

다낭의 중앙을 가로지르는 강의 이름은 서울과 똑같은 '한강'입니다. 다낭 한강에는 2개의 다리가 있는데요, 하나가 유명한 용다리 그리고 다른 하나는 한강다리입니다. 미케비치 쪽 리조트와 호텔에서 다낭시내로 넘어올 땐 반드시 두 개의 다리 중 하나를 이용해야 합니다.

10. 한강 유람선

다낭의 야경을 가까이서 보고 싶다면 한강 유람선이 제격입니다. 오후 6시 30분이 되면 용다리와 한강다리의 조명이 켜지기 시작합니다. 한강 유람선은 다낭 시청근처의 노보텔 다낭 프리미어 한 리버 앞 선착장에서 출항하며 한강을 돌아 선착장에 도착하기까지 약 45분 소요됩니다.

11. 한시장

다낭시내에 위치한 재래시장으로 규모가 큰 실내시장입니다. 건어물, 베트남커피 등의 선물을 사기에도 좋고 베트남 전통 의상인 아오자이를 맞추기에도 좋습니다. 1층은 각종 건어물과 견과류를 팔고 2층은 신발과 옷, 잡화를 판매합니다. 대형

12. 콩카페

2층 테라스석의 전망은 한강, 가장 인기메뉴인 코코넛 커피의 가격은 45,000동으로 한화 약 2,500원 정도입니다. 대체로 베트남 커피는 진한편이며 얼음을 녹여가며 천천히 마셔야 하는데요, 코코넛 커피는 누구에게나 부담없습니다

13. 빅씨 마트

꼰시장 건너편 빈트렁플라자에 위치한 빅씨마트는 현지인들이 자주 찾는 마트입니다. 빈트렁플라자 바로 옆에는 팍슨이라는 고급쇼핑몰이 자리하고 있습니다. 공항과 가까운 빅씨마트는 짐보관을 무료로 해주므로 출국날 다낭시내를 관광하는 분들에게 기념품 구입 겸 빅씨마트 짐보관 서비스를 추천드립니다.

14. 몽키 마운틴

다낭 손짜산(SMountain)은 몽키마운틴의 다른 이름입니다. 영응사와 가까운 위치에 있어 한번에 둘러보기 좋고 해발 693m에 달하는 다낭 국립공원입니다. 원숭이 동상 외에도 정상의 장기를 두는 신선상과 미케해변을 한눈에 볼 수 있는 전망대도 있습니다.

15. 아시아 파크

썬휠(sun wheel)이라는 이름으로 운영되던 놀이공원이 규모를 확장해 아시아파크로 재 오픈한 테마파크입니다. 빈펄리조트를 운영하는 빈그룹과 함께 썬그룹은 베트남 10대 그룹 중 하나인데요, 아시아파크는 바로 썬그룹에서 운영하는 곳입니다. 다낭시내 전경을 볼 수 있어 인기입니다.

16. 롯데 마트

한국 관광객들이 편하게 쇼핑할 수 있는 다낭 롯데마트는 환전서비스가 있습니다. 아시아파크와도 가까워서 환전과 테마파크와 쇼핑을 동시에 할 수 있어 인기가 높습니다. 층별로 한글 안내가 잘 되어 있고 롯데마트 자체가 관광객 편의 중심이다 보니 기념품 구매시 방문하시면 좋습니다.

17. 영웅사

링엄사, 영흥사, 린응사 등 여러 가지 이름이 있는 영웅사(Linh ung Temple)는 미케비치에서도 보이는 레이디부다가 있는 곳입니다. 높이가 67m로 동양 최대 관음상인 레이디부다는 '해수관음상'이라는 이름으로도 불리고 있습니다.

18. 미케 비치

다낭 북부에 위치한 미케비치는 베트남에서 가장 유명한 해변 중 하나입니다. 1970년대 베트남 전쟁 당시 미군의 휴양조로 이용되었고 현재는 '리틀하와이' 라는 별명답게 해안선을 따라 비치파라솔이 늘어서 있습니다. 해 질 무렵에는 수영하는 현지인들을 볼 수 있습니다.

19. 하이반 패스

다낭에서 후에를 넘어가는 길목에 위치한 하이반고개(Hai Van Pass)는 다낭 최고의 드라이브 코스로 꼽힙니다. 내셔널 지오그래픽 트래블러에서 꼭 가봐야할 50곳으로 선정되기도 했으며 후에를 가는 도중 사진촬영 포인트로 반드시 들르는 곳이 바로 하이반 패스입니다. 현지인들의 웨딩촬영 장소로도 인기가 많은 곳입니다.

20. 꼰시장

다낭의 대표적인 재래시장인 꼰시장은 또 하나의 재래시장인 한시장과 5분 거리에 위치하고 있습니다. 택시를 타고 가실때는 "쯔어 콘" 으로 발음해야 하며 건너편엔 빅씨마트가 있어 쇼핑 코스로 좋습니다. 한시장이 동대문상가라면 꼰시장은 남대문상가와 비슷하며 한시장보다 규모가 큰 시장입니다.

Trần Cao
Ga Đà Nẵng
다낭기차역
Hải Phòng
Lê Lợi
Lê Duẩn
Bạch Đằng
한강D
Đại học Đà Nẵng
Lê Duẩn
Pasteur
Trần Phú
Yên Bái
Cong ca
한 재래시장
Chợ Hàn
Ngô Gia Tự
Lê Duẩn
다낭 대성당
Giáo xứ Chính toà Đà Nẵng
Hùng Vương
Hàm Nghi
Triệu Nữ Vương
Hoàng Diệu
Hoàng Văn Thụ
VĨNH TRUNG
다낭 뮤지엄 오브
참 스컬프쳐 ㅣ
Bảo tàng Điêu khắc Chăm Đà Nẵng
옹
Nguyễn Văn Linh
참박물관
Nguyễn Văn Linh
Đỗ Quang
Nguyễn Hoàng
Phan Châu Trinh
Trưng Nữ Vương
Bạch Đằng
Lê Đình Lý
Bệnh Viện Phụ Nữ TP. Đà Nẵng
Trí Phương
BÌNH THUẬN
Trưng Nữ Vương
Trưng Nữ Vương
2 Tháng 9
Núi Thành
Cầu Trần Thị Lý
Bảo tàng Quân khu 5
Duy Tân
2 Tháng 9
Nguyễn Hữu Thọ
HẢI CHÂU DISTRICT
Khu biệ
Đảo X

다낭시내지도
다낭기차역
Lý Thánh Tông
Nguyễn Xuân Khoát
Dương Đình Nghệ
Lý Văn Tố
Hồ Nghinh
Hà Bổng
Minh Trung
en Giáp
Thị Hưng
ung Tâm Thương
ại Vincom
Nguyễn Công Trứ
Phạm Bổ Châu
AH17
Mai Hắc Đế
Trần Hưng Đạo
Lý Nam Đế
Võ Văn Kiệt
Võ Văn Kiệt
Hà Đặc Ạh
Bãi biển
Mỹ Khê
Phạm Cự Lượng
Nguyễn Thiện Kế
Kiệt 43
Lê Văn Linh
미케비치
Bãi biển Mỹ Khê
ÁI TÂY
AH17
Tô Hiến Thành
Mỹ Khê 4
Hoa Hồng 4
Nguyễn Duy Hiệu
XN. 387
Lê Quang Đạo
Trần Bạch Đằng
Hoa Phượng
Ngọc Hân
Nguyễn Văn Thoại
Cầu Trần Thị Lý
Đỗ Bá
An Dương Vương
Nguyễn Từ Giản
Chương
Đỗ Bá
Trường Đại
học Kinh
tế Đà Nẵng
Tôn Thất Thiệp
Hoàng Kế Vi
MỸ AN
an Thị Lý
River

VĨNH TRUNG
Cầu Rồng
다낭 뮤지엄 오브
참 스컬프쳐 |
Bảo tàng Điêu khắc
Chăm Đà Nẵng
Cầu Trần
ng
Hoàng Diệu
Trưng Nữ Vương
2 Tháng 9
Bạch Đằng
Lê Đình Lý
Duy Tân
HẢI CHÂU
DISTRICT
Nguyễn Hữu Thọ
Tiểu La
Núi Thành
Vòng Quay
Huỳnh Tấn Phát
2 Tháng 9
롯데마트
Tố Hữu
AH17
Xô Viết Nghệ Tĩnh
Lê Sát
Nguyễn Sơn
Thăng Long
KHUÊ TRUNG
AH17
Phạm Tứ
Nguyễn Hữu

다낭남부지도
멜리아리조트
하얏트호텔
Nguyễn Văn Thoại
Lê Quang Đạo
Trường Đại
học Kinh
tế Đà Nẵng
MỸ AN
Phan Tứ
Trần Văn Dư
Võ Nguyên Giáp
Bãi tắm T20
AH17
Nguyễn Lộ
KHUÊ MỸ
Trịnh Lỗi
Nghiêm Xuân Yêm
Lê Văn Hiến
Trường

호이안 궁금 하호?

1. 호이안 올드타운

동남아 최대의 무역항이었던 호이안은 다낭시내와 30분 가량 떨어져 있습니다. 바다의 실크로드라고도 불렸던 호이안에 마을이 형성되었고 이것이 지금의 호이안 올드타운입니다. 베트남, 중국, 일본, 프랑스의 문화가 공존하는 호이안일대는 유네스코 세계유산으로 지정되었습니다.

2. 끄어다이 해변

유럽 관광객들과 특히 프랑스인들이 많이 찾는 호이안의 해변 중 하나입니다. 호이안에서 가장 가까운 해변이며 끄어다이 거리 끝에 위치하고 있습니다. 폭 300m, 길이 3km 의 긴 모래해변을 따라 야자수 그늘 아래서 해산물을 즐기는 현지인들도 만나보실 수 있습니다.

3. 안방 해변

안방비치는 호이안 시내에서 동쪽으로 약 8km 가량 떨어져 있습니다. 대부분의 관광객들은 끄어다이 해변을 둘러보지만 지금은 숨겨진 명소 안방비치가 유명해져서 역시 사람이 몰리고 있습니다. 안방 해변은 2011년 CNN선정 '세계에서 가장 아름다운 비치' 탑50에 선정되었으며 현지인들도 잘 모르는 숨겨진 곳입니다.

4. 내원교

호이안의 상징이 바로 내원교(Japanese Covered Bridge). 이곳은 일본인 마을의 흔적이 그대로 남아있습니다. 내원교는 일본인 마을과 중국인 마을을 연결해주는 역할을 했으며 지붕이 있는 독특한 양식의 다리로 7번의 재건축을 거치며 현재는 중국양식이 더해졌습니다. 20000동에 새겨진 건물이 내원교입니다.

5. 풍흥의 집

호이안 올드타운에서도 가장 오래된 집이 바로 풍흥의 집입니다. 내원교 바로 옆에 자리했으며 1780년에 지어진 목조건물로 베트남, 일본, 중국의 건축양식이 뒤섞여 있습니다. 무역상이 지은 풍흥의 집은 지금도 이 가문의 8대 후손이 살며, 발코니는 중국, 중간지붕은 일본, 기본건축은 베트남 건축의 특색을 띠고 있습니다.

6. 광동 회관 (관운장의 집)

관우를 모시는 사원인 광동회관(Chua Quang Dong)은 1885년에 광동인들이 세웠으며 관우와 관련된 벽화를 볼 수 있습니다. 프랑스 스타일의 바닥타일과 중국건축양식의 절묘한 조화, 광동인이 타고다니던 배 모형이 관람 포인트입니다.

호이안 궁금 하호?

7. 소원등 띄우기

호이안을 방문한 많은 사람들이 투본강에 소원
초를 띄웁니다. 소원초는 투본강가에서 바로 띄
울수도 있고 베트남 전통 조각배를 타고 강 위에
서 띄울 수도 있는데요. 소원초와 조각배에 손님
을 모으기 위해 호객행위가 벌어지므로 주의하
기바랍니다.

8. 호이안 야시장

호이안의 오후 5시 무렵부터 야시장 상인들이
상점을 열기 시작합니다. 투본강을 기준으로 올
드타운의 반대편에 있는 야시장은 호이안의 목
공예품과 각종 수공예 용품을 구매할 수 있고,
현지 로컬식당들이 음식도 맛보실 수 있습니다.

9. 미선 유적지

'아름다운 산' 이라는 뜻의 미선 유적지(My Son
Sanctuary)는 참파왕국의 기록을 볼 수 있는
곳입니다. 참파왕국은 13세기부터 서서히 쇠
퇴하여 베트남에 흡수되었으며 호이안에서 약
30km 떨어진 투본강 정글 유역에 위치해 있습
니다. 1999년 유네스코에 세계문화유산으로 지
정되었습니다.

10. 호이안 참섬

짬섬, 꾸오라참이라고도 불리는 참섬은 스노쿨
링 호핑투어를 위해 방문하는 곳입니다. 수온이
높고 파도가 없는 여름(4월~10월)에만 가능한
스노쿨링을 하기에 적합한 참섬은 줄낚시도 가
능합니다. 유네스코 지정지역으로 아름다운 백
사장과 작은 8개의 섬으로 구성되어 있습니다.

11. 복건 회관

에도 막부의 쇄국정책 때문에 호이안의 일본인 무역상들이 자리를 비우면서 중국마을이 커지기 시작합니다. 바로 이 복건회관은 순수 중국 양식 건물로, 호이안에 사는 중국 푸젠성 출신 사람들의 마을회관 역할을 하며서 회합장소로 쓰였습니다.

12. 떤끼 고가

약 200년 전에 지어진 운치있는 주택으로 떤끼 고가라고도 불립니다. 내부는 좁고 긴 구조로 벽에 걸린 사진들이 역사를 말해주고 있습니다. 특히, 연도별로 집의 침수높이가 표시되어 있으며 풍흥의 집과 함께 오래된 건축물의 모습이 고스란히 남아 있습니다.

13. 캄포사원

캄포사원(Cam Pho Temple)은 딘 캄 포 주민 회관이라고도 불립니다. 주민들이 모이는 공동체 회관 역할도 하고 법정, 연회장, 극장, 사당 등 다양한 용도로 쓰이고 있습니다. 내원교에서 직진하면 만날 수 있으며 베트남과 중국양식이 혼합된 건물입니다. 건물 내부는 사당의 역할을 하며 각 공간마다 제를 올리는 곳이 있습니다.

14. 도자기마을과 수공예마을

개별여행자가 가기 어려우며 주로 투어 상품을 통해 갈 수 있습니다. 매표소가 따로 있지 않지만 마을을 방문하기 위해서는 입장료를 내야하기 때문입니다. 옹기종기 모여앉아 조그만 12간지 모양의 장식품을 만드는 모습이 눈에 띕니다. 투본강의 배와 야시장에서 파는 컬러풀한 나무 그릇은 수공예 마을에서 만들어 집니다.

Lê Quý Đôn
Bà Triệu
Trưng
Sinh Cafe
다낭가는길
Khách Sạn Hòa Bình
House Backpackers
Bà Triệu
Thanh Van 1
Trần
Lê Quý Đôn
Trần Hưng Đạo
Trần Hưng Đạo
Hai Bà Trưng
Chùa P
Hùng Vương
Trần Hưng Đạo
Phan Châu Trinh
Đình Cẩm Phô
Nguyễn Thị Minh Khai
Trần Phú
Se
일본다리
Nữ Eatery
Chùa Cầu
Phòng trưng
quý & Nghệ
Cộng Nữ Ngọc Hoa
Cao Hồng Lãnh
Thu Bồn River
Nguyễn Du
Little Hoi An
Boutique Hotel & Spa
Nguyễn Phúc Chu
안호이섬
Ngọc Hậu
Nguyễn Hoàng
La Hối
Hội An Green
Heaven Resort
Nguyễn Phúc Tân
Nguyễn Phúc Tân
Lưu Quý
Tân
Ngô Quyền
Ngô Quyền
Hẻm 15 Ngu

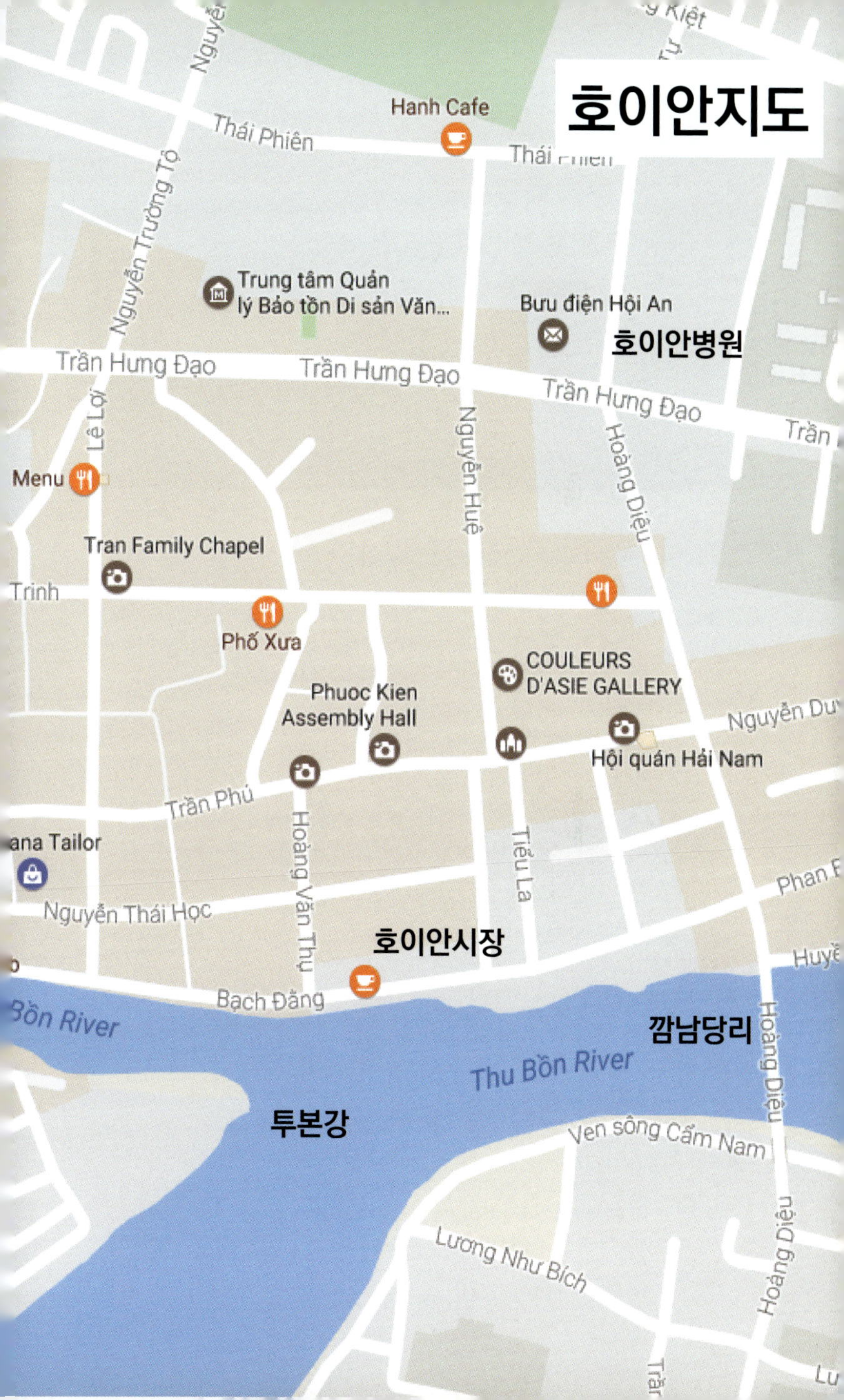

호이안지도
Hanh Cafe
Thái Phiên
Thái Phiên
Nguyễn Trường Tộ
Trung tâm Quản lý Bảo tồn Di sản Văn...
Bưu điện Hội An
호이안병원
Trần Hưng Đạo
Trần Hưng Đạo
Trần Hưng Đạo
Trần
Nguyễn Huệ
Hoàng Diệu
Lê Lợi
Menu
Trinh
Tran Family Chapel
Phố Xưa
Phuoc Kien Assembly Hall
COULEURS D'ASIE GALLERY
Nguyễn Du
Hội quán Hải Nam
Trần Phú
Hoàng Văn Thụ
Tiểu La
ana Tailor
Nguyễn Thái Học
호이안시장
Phan
Bạch Đằng
호이안시장
Huyệ
Bồn River
깜남당리
Thu Bồn River
Hoàng Diệu
투본강
Ven sông Cẩm Nam
Lương Như Bích
Hoàng Diệu
Trầ
Lư

후에 궁금하후?

1. 후에 왕궁

베트남 후에왕궁으로 들어가는 입구 오문(Ngo Mon)을 시작으로 하루를 잡아야 둘러볼 수 있는 후에는 왕궁과 왕들의 무덤이 있는 관광지입니다. 오문을 지나 바로 보이는 태화전(Dien Thai Hoa)을 비롯해 후에 왕궁만 둘러본다면 1~2시간이면 충분합니다.

2. 티엔무 사원

베트남 후에 시에 있는 사원의 하나로 향강(Perfume River)을 따라 남서쪽으로 4km 정도 떨어져 있으며, 강이 내려다보이는 언덕 위에 자리잡고 있습니다. 티엔무사원 입구에는 19세기에 세워진 8각 7층 석탑이 가장 유명합니다

3. 카이딘 왕릉

카이딘왕릉은 카이딘황제가 응우옌 왕조 후기인 1920년에 짓기 시작해 1931년에 완성시켰습니다. 중국식을 본뜬 여타 왕릉과 다르게 석조와 콘크리트를 이용한 유럽건축양식이 가미되어 있습니다. 후에를 소개하는 책자에 단골로 등장하는 이국적인 카이딘 왕릉을 방문하신다면 금박을 입힌 카이딘 황제를 찾아보시길 바랍니다.

4. 민망 왕릉

후에시에 있는 황제릉의 하나로 카이딘 왕릉과 함께 돌아보면 좋습니다. 후에 중심부에서 남쪽으로 12km 거리에 위치하고 있으며 가장 웅장한 흙 무덤으로 알려져 있습니다. 민망 왕릉의 입구는 아름다운 인공호수와 다양한 동물 석상들이 압권입니다.

5. 뜨득 왕릉

베트남 후에 시 중심부에서 남쪽으로 5km 떨어진 뜨득왕릉은 응우옌 왕조 13명의 황제들 중 가장 오랜기간을 통치했다고 알려져 있습니다. 100명이 넘는 후궁과 함께 뜨득 왕릉에서 호화로운 생활을 했다던 뜨득황제의 생활을 엿볼 수 있으므로 후에관광을 가신다면 후에왕궁과 함께 둘러보면 좋습니다.

6. 후에 여행자 거리

후에는 투어코스로도 인기가 많지만 자유여행객들이 1박이상 머물기도 합니다. 왕궁이 밀집된 구시가지에서 짱띠엔다리를 건너면 신시가지와 여행자거리에 도착하게 됩니다. 호텔과 식당, 클럽 등이 신시가지와 여행자거리에 있으므로 후에의 숙소는 신시가지에 잡는 것이 좋습니다.

Đặng Thái Thâ
Ngoại K
Vườn Cơ Hạ
Vườn Thiệu Phương
DTBB
로얄디
Lê Tr
Thái Bình Lâu
Sân Quần Vợt Bảo Đại
Nhà hát Duyệt Thị Đường
Thái Tổ Miếu
후에왕궁
Cung Diên Thọ
Đại Nội
Lê Huân
Kinh thành Huế
DTBB
Quảng trường Ngọ Môn
Cửu Đỉnh
DTBI
ên Thiện Thuật
Nguyễn Trãi
Cửa Quảng Đức
Lê Duẩn
ên Hân
Đặng Trần Côn
Lê Duẩn
Ông Ích Khiêm
Lê Duẩn
Lê Duẩn
Perfume
Công
Perfume River
호치민박
Đại học Huế
Bùi
Nguyễ

Chợ Đông Ba
Perf
후에 구시가지
후에지도
Bến xe Đông Ba
ồng Duy Tân
Xuân 68
Chương Dương
동방시장
Trần Hưng Đạo
Bến Tòa Khàm
DT8B
Cầu Trường Tiền
짱띠엔다리
Trường Đại học Sư phạm Huế
Trần Hưng Đạo
Lê Lợi
Perfume River
Tượng Đài Phan Bội Châu
Cầu Phú Xuân
푸슈엉다리
Trương Định
Trần Cao
Hùng Vươ
Lê Lợi
Hoàng Hoa Thám
후에 신시가지
Pham Hồng Thái
Nina's Cafe
Hà Nội
Trung tâm Truyền hình Việt Nam tại
Lê Lợi
Bệnh viện Trung Ương Huế - Cổng 2
Lê Lai
Ngô Quyền
Hai Bà Trưng
Ngô Gia Tự
Đồng Đa
guyễn Trường Tộ
Trường Đại học Y Dược Huế
Trường Đại học Khoa học - Đại học Huế
Ngô Quyền
Đồng Đa
yễn Huế
Trường Cao

億年鍾旺氣江山長護儲胥
兩面嚴奇觀風景別開宇宙

베트남 다낭

맛집 BEST 5

다낭 맛집 가봤낭 ?

BEST 1	람비엔	— 062
BEST 2	버거브로스	— 063
BEST 3	베안 씨푸드	— 064
BEST 4	바빌론스테이크가든	— 065
BEST 5	베일웰	— 066

람비엔
Lam Vien Restaurant)

주소	88 Trần Văn Dư, Mỹ An, Ngũ Hành Sơn, Đà Nẵng
위치	16.0421944,108.2443339
가격	80,000동 – 140,000동
영업시간	11:30 – 21:30
주요메뉴	람비엔스프링롤, 파인애플볶음밥, 반세오, 바나나튀김
전화번호	+84 511 3959 171

선정이유?

유명한 베트남 퓨전 음식점 맛 ★★★ 분위기 ★★★ 친절도 ★★☆

택시기사도 알고 있을만큼 유명한 음식점이다. 로컬 음식보다는 비싸지만 고급스럽고 깔끔하다. 고즈넉한 가옥느낌인데 정원을 들어서면 이국적으로 bar가 운영되고 있다. 특히 제일 추천하는 메뉴인 반세오는 한국에는 없는 얇은 라이스페이퍼에 채소랑 파전같은 것을 싸서 땅콩소스에 찍어 먹으면 처음 먹어 보는 오묘한 맛을 느낄 수 있다. 바나나튀김도 달디단 떡처럼 쫀득쫀득 맛있다.

미리보기

맛집 BEST 2

버거브로스
Burger Bros

주소	18 An Thượng 4, P. Mỹ An, Quận Ngũ Hành Sơn, Đà
위치	16.0488014,108.2442771
가격	60,000동 – 100,000동
영업시간	11:00 – 14:00, 17:00 – 22:00
주요메뉴	비비큐포크버거, 데리야끼치킨버거, 에그버거, 피시버거
전화번호	+83 94 557 62 40

선정이유?

한국에서 맛볼 수 없는 수제햄버거   맛 ★★★   분위기 ★★☆   친절도 ★★☆

두 군데가 있다. 인테리어도 이국적이고 무엇보다 맛이 좋다. 배달도 가능하다고 하지만 기왕이면 직접가서 보는 게 좋을 거 같다. 버거가 한입에 먹기 어려울 정도로 두툼하다. 다낭에서 즐길 수 있는 햄버거 중에 최고다. 두툼한 패티 기름진 육즙 그리고 정작 가장 맛있는건 마늘과 함께 튀겨 은은한 마늘향이 살아있는 감자튀김! 치킨버거는 소스가 딥하지 않고 먹기 딱 좋다. 피시버거의 생선이 특이하다.

미리보기

베안 씨푸드
Quán Bé Anh

주소	Hoàng Sa, Quận Sơn Trà, Đà Nẵng, Vietnam
위치	16.0683208, 108.2425886
가격	200,000동 – 550,000동
영업시간	08:00 – 20:00
주요메뉴	각종 해산물, 게, 타이거새우, 가리비 등
전화번호	+84 90 551 67 26

선정이유?

신선한 해산물 저렴하게 먹고플 때   맛 ★★☆   분위기 ★★☆   친절도 ★★☆

손님이 굉장히 많아 신선한 해산물을 맛볼 수 있는 곳이다. 2호점은 알라카르트 호텔 바로 옆에 위치했고 베안1호점도 좋다. 타이거새우, 가리비 등을 kg 단위로 주문해서 요리해준다. 스팀, 칠리, 버터구이 등 요리법도 다양하게 먹을 수 있다. 가격은 그때그때 변동되지만 예를들면 새우가 1kg에 60만동 정도이다. 사이드메뉴로 프라이드누들과 라이스도 주문할 수 있다.

미리보기

바빌론 스테이크 가든

Babylon Steak garden

주소	18 B4.4, Trường Sa, Mỹ An, Ngũ Hành Sơn,
위치	16.0417817,108.248434
가격	450,000동 – 850,000동
영업시간	09:30 – 22:30
주요메뉴	각종 스테이크, BBQ 꼬치, 피자, 회
전화번호	+84 90 382 88 04

선정이유?

돌판 위에서 구워먹는 고급 스테이크　맛 ★★★　분위기 ★★☆　친절도 ★★★

재방문이 많아서 유명한 스테이크 맛집이다. 다소 비싸지만 그 값을 하기 때문에 로컬식당 안맞으시는 분들은 꼭 가면 좋다. 또한 처음 다낭에 방문한 관광객의 마음을 배려하여 더욱 친절하고 세심하게 신경 써주는 직원들이 특히 인상적이다. 고기도 굉장히 부드럽고 맛있다. 훌륭한 음식의 맛은 아마도 신선했던 식재료로부터 나오지 않았나 싶다. 엄선된 식재료를 사용하는 식당으로 적극 추천하고 싶다.

미리보기

베일웰

Bale well, Quán giếng Bá Lễ

주소	45/51 Trần Hưng Đạo, Minh An, Tp. Hội An
위치	15.876453,108.327874
가격	120,000동 – 150,000동
영업시간	11:30 – 22:00
주요메뉴	숯불꼬치고기, 짜조, 반세오등으로 이루어진 단일 메뉴
전화번호	+84 510 3864 443

선정이유?

베트남 요리를 맘껏 먹고싶을때　　맛 ★★☆　　분위기 ★★★　　친절도 ★★☆

호이안 반세오 맛집이다. 구시가지에서는 조금 벗어난 우체국 옆 쪽 골목에 있다. 주문하지 않아도 인원수대로 알아서 나오고 음료만 주문하면 된다. 음식이 다 나오면 친절한 직원이 와서 먹는 방법을 설명해준다. 가격대비 양이 많아 배부르게 먹고 싶다면 추천한다. 소스나 전체적인 맛이 한국인 입맛에 잘 맞는다. 음식은 계속 리필해준다. 특히 계란지단 같은 것 안에 숙주와 새우가 들어있는 부침개 같은 반세오가 메인이다.

미리보기

베트남 다낭

마사지 BEST 5

다낭 마사지 받낭 ?

BEST 1	월드스파	—	068
BEST 2	하타스파	—	069
BEST 3	살렘스파가든	—	070
BEST 4	노아스파	—	071
BEST 5	호이안매직스파	—	072

월드스파

World Spa Emotional Balance

주소	98 Thach Lam, Son Tra District, Danang City
위치	다낭시내 송콩호텔 뒷편에 위치
영업시간	오전 9:00~오후 9:00
이용시설	종합마사지센터(샴푸실, 자쿠지, 스팀사우나)
전화번호	+84 511 626 88 66 / 093-368-2014

선정이유?

규모면 규모 서비스면 서비스. 모두 만족

분위기 ★★★ 친절도 ★★★

총 5층의 건물을 통째로 사용하고 있는 종합 마사지 센터이다. 베트남의 부호들과 아시아 전 지역에서 럭셔리 휴양을 원하는 관광객들이 마사지를 받기 위해 방문하는 스파이다. 이용시설은 위의 설명에도 쓰여 있는 것처럼 굉장히 다양하다. 규모가 크고 단체 손님이 많아 마사지에 소홀할 거라고 생각하는 것은 금물이다. 합리적인 가격에 아주 좋은 퀄리티의 마사지를 제공하기 때문이다.

미리보기

마사지 BEST 2

하타스파
hathaspa

주소	168 Le Quang Dao, My An Ward, Ngu Hanh Son, Da Nang City
위치	미케비치 버거브로스 근처
영업시간	오전 9:30~오후 10:00
이용시설	수영장, 짐보관소
전화번호	+84 90 113 37 99

선정이유?

부모님, 자녀들과 함께 가족이 가면 딱좋아!　　분위기 ★★★　　친절도 ★★★

가족여행에 아주 탁월한 스파이다. 수영장이 있어 아이들은 수영을 하고 어른들은 편하게 휴식을 취할 수 있기 때문이다. 짐을 보관하는 곳에 맡길 수 있어 여행하다가 도중에 들리기에도 좋다. 아담하고 힐링할 수 있는 스파이기 때문에 너무 규모가 크지 않고 사람이 적고 조용한 스파를 선호한다면 하타스파를 강력하게 추천한다. 예약은 필수적으로 하는 것이 좋기 때문에 네이버 카페 〈베다자〉, 〈다낭할인쿠폰〉을 이용해 예약하도록 하자.

미리보기

살렘스파가든
salem spa garden

주소	06 Nguyen Thien Thuat, Da Nang, Vietnam
위치	롯데마트와 아시아파크 근처
영업시간	오전 9:00~오후 10:30
이용시설	정원, 사우나, 탈의실
전화번호	+84 91 408 20 39

선정이유?

왕대접을 받으면서 마사지를 받고 싶을때　　분위기 ★★★　　친절도 ★★☆

아름다운 정원이 꾸며져 있고 깔끔하고 모던한 인테리어의 다낭 마사지의 새로운 메카이다. 임산부 마사지, 아로마 마사지 등 다양한 마사지 상품이 있어 남녀노소 누구나 마사지 받을 수 있는 장점이 있다. 유명한 스파이기 때문에 가격은 조금 비싼 편이고 한국인들이 많이 이용한다. 스파 서비스를 이용한 이후에는 무료 간식을 제공한다. 소금, 꿀, 오렌지 등을 이용한 천연 바디 스크럽 등 다양한 피부 마사지를 전문적으로 한다.

미리보기

노아스파
Noah Spa

주소	C1-21, Phạm Văn Đồng, An Hải Bắc, Sơn Trà, Da Nang
위치	바빌론스테이크가든 2호점 근처
영업시간	오전 10:00~오후 10:00
이용시설	샤워실, 프라이빗룸, 사우나
전화번호	+84 511 393 9499 / (84-911) 705 000

선정이유?

동남아 체인 마사지샵에 가보고 싶다면?

분위기 ★★★   친절도 ★★☆

다낭에 있는 마사지샵들과 다르게 동남아 체인 마사지샵으로 유명하다. 주로 한국 관광객들이 많이 찾는곳으로 가격은 비싼 편이지만 그만큼 시설이 좋다. 고급 인테리어와 프라이빗한 스파룸을 이용해보고 싶다면 노아스파로!

미리보기

마사지 BEST 5

호이안매직스파
The Magic Spa

주소	48 Cao Hong Lanh Street, An Hoi Ward, Hoi An
위치	호이안 실크마리나 리조트 근처
영업시간	오전 9:00~오후 10:00
이용시설	개인 샤워부스, 캐비넷, 커플룸
전화번호	+84 510 3914 888

선정이유?

최신식 스파를 느끼고 싶다면?

분위기 ★★☆　　친절도 ★★☆

규모가 가장 크고 생긴지 얼마 안 되어 가장 깨끗한 최신식 스파시설이다. 스파에 오는 손님들이 매우 많은데 침대는 많지 않아 예약을 하고 가는 것이 좋다. 적당한 압력과 부드러운 오일 마사지로 최상의 마사지를 제공해준다. 마사지사에게 원하는 압력을 요청해도 좋다. 직원들은 물론 사장님도 친절하게 안내해주는 모습이 인상적이다. 마사지를 할 때 시원한 차도 가져다 주기 때문에 더욱 만족스럽다.

미리보기

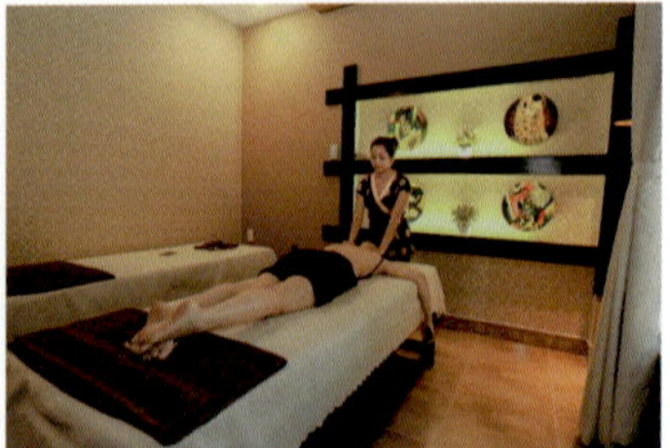

베트남 다낭

컨셉별 숙소

다낭 어디서 자낭 ?

럭셔리	하얏트 리젠시 다낭	—	074
럭셔리	멜리아 리조트	—	075
가성비	샌디 비치 논 누옥	—	076
가성비	하다나 뷰티크	—	077
가성비	브릴리언트 호텔	—	078
가성비	다낭 서린호텔	—	079
다낭시내	라이즈마운트리조트	—	080
다낭시내	블라섬 리조트	—	081
호이안	호이안 실크 마리나	—	082
호이안	골드샌드리조트	—	083
풀빌라	풀빌라 예약 TIP	—	084

럭셔리 5성급호텔

하얏트 리젠시 다낭 리조트 앤드 스파
Hyatt Regency Danang Resort and Spa

주소 Truong Sa Street, Hoa Hai Ward
위치 다낭국제공항 30분 내 거리
영업시간 체크인 오후 2:00 / 체크아웃 정오 12:00
홈페이지 https://danang.regency.hyatt.com
전화번호 +84 511 398 1234

선정이유?

긴설명 필요없이 이름값 하는 그 호텔

분위기 ★★★   친절도 ★★★

바다가 한 눈에 보이는 전망이 아주 좋아 한국인 관광객들에게 가장 사랑받고 있는 5성급 리조트 호텔이다. 온전한 휴식도 좋지만 시내를 관광하며 편하게 돌아다니고 싶은 관광객들에게 인기가 많다. 다른 리조트보다 고층건물에 속해 수평선 전망까지 감상할 수 있다. 키즈클럽이 있어 가족여행으로 많이 오고 분위기가 좋아 허니문여행으로도 많이 찾는 곳이다. 미케비치가 바로 앞에 있어 해수욕을 즐기기에도 안성맞춤이다.

미리보기

럭셔리 5성급 리조트

멜리아 리조트
Melia Danang Resort

주소	Group 39, Hoa Hai Ward, Ngu Hanh Son District
위치	다낭국제공항, 오행산, 용다리, 미케비치 근처
영업시간	체크인 오후: 3:00
홈페이지	https://www.melia.com
전화번호	+84 511 3929 888 / (44-808) 234 1953

선정이유?

숙박객들이 극찬한 가성비 좋은 리조트   분위기 ★★☆   친절도 ★★★

다낭과 호이안의 경계에 있는 리조트이다. 가격이 저렴하고 고급스럽다. 관광객들이 다낭의 빈펄 리조트와 많이 비교하는데 멜리아 리조트가 더 좋다는 평이 많다. 아이들을 위한 키즈클럽과 유아풀장과 어른들을 위한 사우나, 스파, 헬스장이 있어 한층 더 여유로운 가족여행을 보낼 수 있다. 24시간 운영되는 라운지를 통해 언제든지 간단한 음료와 과자를 먹을 수 있다. 자전거를 빌릴 수 있어서 자전거를 타고 리조트를 둘러보는 것도 좋다.

미리보기

가성비 4성호텔

샌디 비치 논 누옥 리조트

Sandy Beach Non Nuoc Resort managed by Centara

주소　21 Truong Sa Road, Hoa Hai Ward,
위치　오행산 근처
영업시간　체크인 오후 3:00 / 체크아웃 정오 12:00
홈페이지　http://www.centarahotelsresorts.com
전화번호　+84 511 396 1777

선정이유?

골프와 가족 두가지를 모두 만족 시키고 싶다면?　분위기 ★★☆　친절도 ★★☆

미케비치를 왼쪽에 끼고 있어 아름다운 전망을 가지고 있어 커플들에게 가장 사랑받는 리조트호텔이다. 저렴한 4성급 리조트로 한국 관광객들이 많이 찾는 곳이기도 하다. 깨끗하게 관리가 잘 되어 있는 수영장이 있고 다낭과 호이안까지 가는 무료 셔틀 버스가 있어 만족스럽다. 편안하게 스파를 즐길 수가 있으며 다낭 골프 클럽이 3.8Km 거리에 떨어져 있어 골프를 좋아하는 관광객이에게 좋은 선택이 될 것이다.

미리보기

가성비 4성호텔

하다나 뷰티크 호텔
Hadana Boutique Hotel

주소	Lot H1-04, H1-05, H1-06 Pham Van Dong Street
위치	다낭시내
영업시간	체크인 오후 2:00
홈페이지	http://www.hadanaboutiquedanang.com
전화번호	+84 511 3923 666

선정이유?

신축리조트의 장점, 교통의 중심에 있는 숙소

분위기 ★★★　　친절도 ★★☆

신축 리조트라 그런지 외부와 내부 모두 깔끔하고 현대적인 디자인을 가지고 있어 여성 관광객들에게 많은 사랑을 받고 있다. 가성비 대비해서도 만족스럽고 다낭 호텔 중에 가장 깨끗하고 친절한 호텔이라고 평가를 받는다. 다낭 도심에 위치하여 한강다리, 호이안에서 가까워 호텔 주변을 산책하기에도 좋다. 세계 각국의 요리로 구성된 조식 뷔페와 주요 메뉴인 베트남 전통 요리 및 서양식 요리가 일품이다.

미리보기

가성비 4성호텔

브릴리언트 호텔 다낭
Brilliant Hotel Danang

주소 162 Bach Dang Street
위치 다낭 대성당 근처
영업시간 체크인 오후 2:00 / 체크아웃 정오 12:00
홈페이지 http://www.brillianthotel.vn
전화번호 +84 51 1322 2999

선정이유?

현대적인 느낌의 비즈니스 호텔

분위기 ★★☆ 친절도 ★★☆

다낭 시내에 있고, 4성 호텔 중에 가장 좋다. 4성과 5성의 차이는 대부분 규모의 차이라고 한다. 규모 외적인 부분에서는 4성과 5성의 차이는 거의 없다고 생각해도 된다. 이곳은 휴양에 특화되었다기보다는 비즈니스쪽 호텔에 가깝다. 주변에는 볼거리가 많아 전망이 좋은 편이다. 저녁에는 호텔 내에서 피아노 연주도 해서 밤에 분위기가 더욱 좋다. 객실을 고를 때에는 아이나 비흡연자가 있으면 금연방을 달라고 한다.

미리보기

가성비 4성호텔

다낭 서린호텔
Danang Serene Hotel

주소	3274 Vo Nguyen Giap, My An Ward
위치	다낭 국제 공항 근처
영업시간	체크인 오후 2:00 / 체크아웃 정오 12:00
홈페이지	http://www.serenehoteldanang.com
전화번호	+84 511 3987 666

선정이유?

가성비 좋은 4성호텔을 찾는다면? 분위기 ★★☆ 친절도 ★★☆

16층 높이의 요트 타워로 설계되어 있고 140개의 객실과 스위트룸은 4성급 호텔다운 현대적인 모습을 보여준다. 대부분의 여행사에서 강력히 추천하는 곳이다. 가성비도 좋기 때문에 만족스러웠다. 카페(베다자, 다낭할인쿠폰)를 통해 예약하면 할인 혜택이 있으니 참고하자. 호텔 앞에는 바로 미케비치가 있어 미케비치를 바라보며 수영장에서 수영을 할 수 있다. 스파와 같은 다양한 부대시설이 갖춰져 있어 편안하게 휴식을 취할 수 있다.

미리보기

다낭시내 5성리조트

라이즈마운트 리조트 다낭
Risemount Resort Danang

주소	120 Nguyễn Văn Thoại Bac My An ward
위치	미케비치 안쪽 다낭시내
영업시간	체크인 오후 2:00 / 체크아웃 정오 12:00
홈페이지	http://risemountresort.com
전화번호	+84 05113 899 999

선정이유?

다낭 시내구경을 많이 하고 싶은이들에게 추천　　분위기 ★★☆　　친절도 ★★★

2015년에 건축 되어 유일하게 시내 안쪽에 있는 리조트이다. 지중해 스타일의 현대적인 인테리어로 되어있어 화려하고 우아한 건물을 자랑한다. 야외 수영장과 바비큐 시설과 온수 욕조와 사우나가 모두 마련된 스파 센터가 있어 아이들이 있는 가족들이 이용하기 좋다. 호텔은 편안한 침대, 다양한 종류의 뷔페가 만족스럽다. 식당에서는 수영장 전망을 볼 수 있어 아이들이 물놀이 하는 것을 지켜보며 여유로운 식사를 할 수 있다.

미리보기

다낭시내 4성리조트

블라섬 리조트 다낭
The Blossom Resort Danang

주소	3Lot A1-A2, Green Island Zone, Hoa Cuong Bac Ward
위치	다낭 한강변
영업시간	체크인 오후 2:00 / 체크아웃 정오 12:00
홈페이지	http://theblossomvn.com/vie
전화번호	+84 511 3623 238

선정이유?

말로 표현할 수 없는 야경을 경험하고 싶다면?   분위기 ★★★   친절도 ★★☆

야외온천이 있는 일본풍의 리조트이다. 가족여행으로 왔다면 가족들 중 연세가 지긋한 분들이 좋아하실 만한 곳이다. 관광객들도 방문한 뒤 칭찬일색이다. 특히, 야경을 가장 칭찬하는데 한강변에 위치해 있어 아시아파크의 썬힐이 정면으로 보인다. 디테일한 부분까지 신경을 많이 썼다. 해변에서는 조금 멀지만 가족여행으로는 딱이다. 저녁에 일본여성이 일본 전통악기를 연주를 하는데 여유롭게 연주를 들으며 힐링할 수 있다.

미리보기

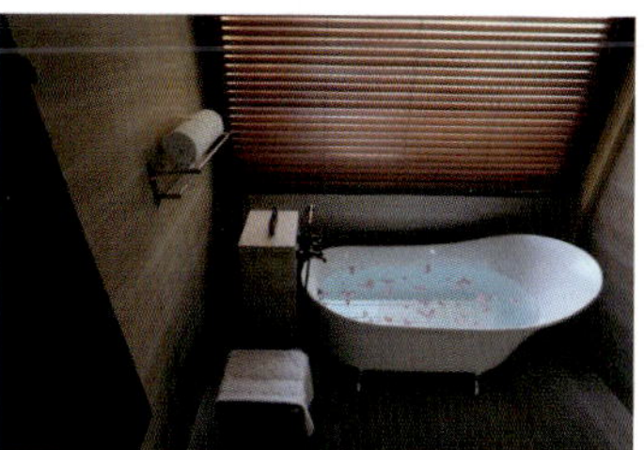

호이안 실크 마리나 리조트 & 스파
Hoi An Silk Marina Resort & Spa

주소 74 August 18th Street,Cam Pho Ward, Hoi An
위치 호이안 야시장 근처
영업시간 체크인 오후 2:00 / 체크아웃 정오 12:00
홈페이지 http://www.hoiansilkmarina.com/
전화번호 +84 510 393 9999

선정이유?

아이들과 함께 가기 딱좋아!

분위기 ★★★ 친절도 ★★☆

호이안에서 가장 유명하고 대중적인 리조트이다. 좋은 볼거리들이 많기 때문에 이곳을 무조건 가라고 권하고 싶다. 가성비가 정말 좋아 강력히 추천한다. 수심이 얕은 풀장이 있어 아이들이 놀기 좋고 바로 옆에 bar가 있어 수영하다가 쉴 때는 맥주나 음료수를 먹을 수 있다. 수영장 옆쪽으로는 정원이 조성되어 있어 탁 트인 전망을 볼 수 있다. 조식은 베이커리 코너, 베트남 전통 음식 코너 등 메뉴가 다양하게 있다.

미리보기

골든 샌드 리조트 앤 스파
Golden Sand Resort and Spa

주소	Cửa Đại, Tp. Hội An, Quảng Nam
위치	호이안 타운 근처
영업시간	체크인 오후 2:00 / 체크아웃 정오 12:00
홈페이지	http://www.goldensandhoian.com
전화번호	+84 510 3927 555

선정이유?

해변을 제대로 즐기고 싶은 이들에게 추천   분위기 ★★☆   친절도 ★★★

기본적으로 시설이 좋고 럭셔리한 외관에 깔끔하고 무난한 객실을 자랑한다. 특히, 아이들과 함께 유아 동반 가족여행을 갈 때 강력하게 추천한다. 유아용 풀장도 있고 키즈클럽도 있기 때문이다. 관광객들은 수영장이 가장 좋다고 한다. 수영장에 선베드가 있어 선베드에 누워 바다 풍경을 여유롭게 즐길 수 있다. 리조트에 딸린 프라이빗 비치뿐만 아니라 가까운 곳에 쿠아다이 해변이 있어 산책하기에도 좋다.

미리보기

풀빌라 예약 TIP

선정이유?

집안에 수영장이 있는 풀빌라는 모든 여행객들의 로망일 것이다. 대부분 이러한 로망을 단순 비용문제로 포기하고는 하는데 사실 특별루트를 통한다면 호텔에 묵는 비용보다도 저렴하게 풀빌라를 이용할 수 있다. 바로 오너룸이라는 제도때문인데, 오너룸을 이용하면 시중가의 최대 15~20% 저렴하게 이용가능하며 일부 인터넷 사이트를 통하면 더 많은 혜택을 받을 수 있다.

* 문의는 네이버 카페 〈다낭할인쿠폰〉, 〈베트남다낭자유여행가이드〉 하면 된다.

미리보기

베트남 다낭

그외 리조트 5

다낭 어디서 자낭 ?

BEST 1 나만리트리트리조트 — 086

BEST 2 앙사나리조트 — 087

BEST 3 반얀트리 리조트 — 088

BEST 4 퀸즈핑거 — 089

BEST 5 씨가든 — 090

나만리트리트 리조트
Naman Retreat

주소	Truong Sa Rd., Ngu Hanh Son District,
위치	논누옥 비치 근처
영업시간	체크인 오후 2:00 / 체크아웃 정오 12:00
홈페이지	http://www.namanretreat.com
전화번호	+84 511 3959 888

선정이유?

여자끼리 다낭에 왔다면? 강추!!

분위기 ★★★   친절도 ★★★

현대적으로 해석한 베트남 전통 건축양식을 엿볼 수 있는 리조트이며 로비의 장식이 인상적이다. 특히, 여성 여행객들에게 인기가 많은 곳이다. 수영이나 스파 외에도 리조트 근처를 산책하는 것도 가능하다. 이곳에 가장 큰 특징 중 하나는 모든 객실 내 손님에게 매일 무료 스파 마사지를 제공한다는 것이다. 레스토랑과 라운지도 호텔 내에 있어 다양한 서비스를 누리며 여유롭게 쉬고 싶은 휴양객들에게 추천한다.

미리보기

그외 리조트 2

앙사나 랑코 리조트

Angsana Lang Co

주소	Cu Du Village, Loc Vinh Commune
위치	베트남 중남부 해안 랑코
영업시간	체크인 오후 3:00
홈페이지	http://www.angsana.com
전화번호	+84 54 3695 800

선정이유?

라운딩과 수영을 동시에 즐기고자 할때　　분위기 ★★☆　　친절도 ★★☆

다낭 국제 공항에서 북쪽으로 하이번 고개를 넘어가다 보면 나오는 곳이다. 가족여행을 온 관광객들에게 적합한 리조트이다. 어느 객실이든 문을 열고 나가면 수영장과 바다를 볼 수 있는 것이 특징이다. 수영장이 리조트 전체를 감싸고 있기 때문에 수영을 좋아하는 사람에게 아주 적합하다. 골프를 좋아하는 사람들에게도 추천한다. 18홀 라구나 골프코스가 있어 투숙객이라면 누구든지 무제한 라운딩을 즐길 수 있다.

미리보기

반얀트리 랑 코
Banyan Tree Lang Co

주소	Cổ Dù - Vinh Hiền, Lộc Vĩnh, Phú Lộc, Thừa Thiên Huế
위치	베트남 중남부 해안 랑코
영업시간	체크인 오후 3:00 / 체크아웃 오후 6:00
홈페이지	http://www.banyantree.com
전화번호	+84 54 3695 888

선정이유?

낮보다 아름다운 밤을 느껴보고 싶을때

분위기 ★★☆   친절도 ★★★

오션빌라는 다낭 시내와 호이안에서 거리가 멀지 않기 때문에 이쪽에서 여행하고 있다가 쉴 때 가면 좋다. 가족여행으로 많이 오며 골프장이 바로 앞에 있어서 라운딩을 위해서도 많이 온다. 풍경은 리조트 단지라기보다는 빌라 단지로 보인다. 깔끔한 빌라 내부 시설은 만족스럽다. 다낭은 낮보다 밤이 아름답다. 밤10시까지 수영이 가능하니 분위기 있게 야간 수영을 즐겨보는 건 어떨까?

미리보기

퀸스 핑거 호텔
Queen's Finger Hotel

주소	155-157 Le Quang Dao Street, Ngu Hanh Son
위치	미케비치 근처
영업시간	체크인 오후 2:00 / 체크아웃 정오 12:00
홈페이지	http://queensfingerhotel.com
전화번호	+84 93 474 74 68

선정이유?

특급호텔 못지 않은 루프탑을 즐기고 한다면　　분위기 ★★☆　　친절도 ★★☆

미케비치의 경관을 마음껏 감상할 수 있는 좋은 위치에 저렴한 호텔이라 자유여행의 묘미를 느낄 수 있다. 시설은 심플하고 깔끔한 편인데 넓지는 않다. 저렴하게 룸서비스를 즐길 수 있어 따로 나가서 식사를 하지 않는 것이 편하다. 특히 화장실과 샤워시설이 깔끔하다. 옥상 위에 바다와 시내가 보이는 루프탑 수영장이 있는데 밤 10시까지 이용 가능하며 이 곳에서 내려다보는 다낭시내 야경이 특급호텔 못지않으므로 놓치지 말자.

미리보기

씨가든 호텔
Sea Garden Hotel

주소	Lot 29-33 Le Van Quy, An Hai Bac, Son Tra,
위치	참 박물관 근처
영업시간	체크인 오후 2:00 / 체크아웃 정오 12:00
홈페이지	http://www.seagardenhotel.vn
전화번호	+84 511 3568 888

선정이유?

게스트 하우스보다 쾌적한 곳을 찾는다면?

분위기 ★★☆   친절도 ★★☆

최근에 지어진 곳이라 깨끗한 호텔이다. 남자끼리 또는 여자끼리 와도 추천할 만한 곳이다. 배낭여행 하는 사람들이라면 게스트하우스보다 훨씬 좋게 이용할 수 있을 것이다. 만약 게스트 하우스의 목적이 비용 때문이라면 3성 호텔이 더 좋다. 원래 3성 호텔은 수영장은 필수가 아닌데 시가든 호텔은 신축이라 수영장이 있다. 객실을 이용할 때 조식을 포함하여 저렴한 비용에 이용할 수 있고 야경이 좋다는 것이 장점이다.

미리보기

쇼핑 BEST 5

다낭 쇼핑 가낭 ?

BEST 1	빈컴 플라자	092
BEST 2	롯데 마트	093
BEST 3	빈 마트	094
BEST 4	빅씨	095
BEST 5	꼰시장	096

빈컴 플라자
Vincom Plaza Ngô Quyền

주소	910A Ngô Quyền, Quận Sơn Trà, Đà Nẵng
위치	동백나무군 한강다리 구역
가격	200.000동 – 2.000.000동
영업시간	08:30 – 22:00
부대시설	쇼핑, 영화, 주차장
전화번호	0511-3996-688

선정이유?

한 자리에서 모든 것을 즐길 수 있는 복합공간　　분위기 ★★★　　친절도 ★★★

CGV와 각종 브랜드의 제품이 모여있는 쇼핑센터다. 깔끔한 내부시설은 쇼핑을 즐기기에 안성맞춤이다. 어린이들이 놀 수 있는 키즈클럽도 있으니 어린이들을 맡기고 쇼핑을 할 수 있고 실내가 시원한 것도 큰 장점이다. 다낭 외부 날씨가 너무 더워 사람들은 일부러 빈컴 플라자에 들어와서 시원한 에어컨 바람을 맞으며 쇼핑을 하는 경우가 많다. 빈컴 플라자 안에는 빈마트도 있으니 식료품 구매를 위해 들려보는 것도 좋다.

미리보기

롯데 마트
LOTTE Mart

주소	6 Nại Nam, P. Hòa Cường Nam, Quận Hải Châu, Đà Nẵng
위치	하이저우군 공원지역
가격	2,000동 – 1,000,000동
영업시간	08:00 – 22:00
부대시설	쇼핑, 영화, 주차장
전화번호	0511-3611-999

선정이유?

역시.. 우리 것이 좋은 것이여

분위기 ★★☆　　친절도 ★★★

주로 관광객들이 다낭을 떠나기 전에 가족들이나 지인들에게 주기 위한 선물을 사러 간다. 다낭 공항에서 롯데마트까지 택시를 타고 20분 정도 소요된다. 한국의 기업이 해외에 우뚝 서있는 것을 보면 자랑스럽기도 하다. 다낭 롯데마트에 들어가면 한국과 마찬가지로 다양한 식료품이나 생필품들이 있으니 긴 말은 하지 않겠다. G7, 다람쥐똥커피, 말린망고, 쌀국수는 필수품이니 캐리어에 안들어가기 전에 먼저 챙기도록 하자.

미리보기

빈마트 다낭 빈컴센터

VinMart - Vincom Center Đà Nẵng

주소	Tầng 2, Vincom Center, 910A Ngô Quyền, Quận Sơn Trà, Đà Nẵng
위치	동백나무 지구 동백산
가격	2,000동 – 5,000,000동
영업시간	08:00 – 22:00
부대시설	쇼핑, 주차장
전화번호	-

선정이유?

작지만 있을 건 다있다!

분위기 ★★☆ 친절도 ★★☆

빈컴플라자 안에 있는 빈마트이다. 깨끗한 시설과 저렴한 가격 덕분에 현지인들은 물론이고 관광객들의 발길이 끊이지 않는다. 롯데마트에 비해 규모는 작지만 있을 건 다 있어서 편리하다. 마트 내에 다양한 식품들은 웰빙쇼핑을 부추긴다. 열대과일도 저렴하게 사서 먹을 수 있기 때문에 과일을 좋아하는 사람은 참고하자. 음식 이외에 생필품, 옷, 수영복, 신발 모두 판매한다. 빈마트는 빈컴 센터 내에도 있고 다른 지역에도 있으니 참고하자.

미리보기

빅씨마트
Big B SuperMarket

주소	255-257 Hùng Vương, Thanh Kh
위치	다낭시내에 위치
가격	5,000동 – 500,000동
영업시간	08:00 – 22:00
부대시설	쇼핑, 시장, 먹거리
전화번호	+84 91 919 45 55

선정이유?

현지인들이 가는 아울렛형식의 백화점

분위기 ★★★　　친절도 ★★☆

롯데마트보다는 그리 많이 가는 편은 아니지만 마트 규모로 따지면 롯데마트 다음으로 큰 마트이다. 롯데마트와 같이 짐 보관도 무료로 가능해 짐이 많다면 추천한다. 백화점과 아울렛의 중간정도로 보면 된다. 다낭 빅씨 마트는 특히 현지인들이 많아 기념품을 저렴하게 구매는 가능하나 음식점에서 나오는 특유의 냄새가 있으니 주의하기 바란다.

미리보기

꼰시장
(Cho Con)

주소	245 Hung Vuong Street – Hai Chau District
위치	다낭 빅씨마트 근처에 위치
가격	10,000동 – 300,000동
영업시간	07:00 – 17:00
부대시설	쇼핑
전화번호	-

선정이유?

베트남 현지 시장이 어떤지 정말 궁금하다면?

분위기 ★★☆　　친절도 ★☆☆

다낭 로컬시장으로 유명한 꼰시장은 우리나라 남대문시장과 같은 느낌을 받을 수 있다. 현지의 느낌을 받고 싶다면 적극추천. 특히나 물건값을 높게 부르는 경우가 많기에 처음 가격의 1/3가격으로 깎아보기를 권한다. 과일과 육류 그리고 다양한 잡화를 한자리에서 구매할 수 있다. 외부 시장은 천막으로 둘러져 있어서 비와 햇볕을 막을 수 있다.

미리보기

베트남 다낭

관광지 **BEST 5**

다낭 관광 뭐하냥 ?

BEST 1   미케 비치   —   098

BEST 2   드래곤 브릿지   —   099

BEST 3   바나 힐   —   100

BEST 4   마불 마운틴   —   101

BEST 5   다낭 대성당   —   102

미케 비치
My Khe Beach

주소	My Khe Beach, Mỹ An, Ngũ Hành Sơn, Đà Nẵng
위치	다낭 선짜반도
가격	무료
이용시간	계절별 다르니 방문전 체크 요망
홈페이지	http://www.mykhebeach.org
시설안내	바나나보트, 플라잉보드, 스노쿨링

선정이유?

세계 6대 해변을 거니는 즐거움

분위기 ★★★　　만족도 ★★★

포브스 선정 세계 6대 해변 중 하나인 미케비치이다. 아시아에서 가장 긴 길고 아름다운 백사장을 자랑한다. 이곳에는 1970년대 베트남 전쟁 당시 미군의 휴양소가 있었다. 오전에는 너무 더워서 대부분의 사람들은 오후에 미케비치로 몰린다. 미케비치 뒷편에는 식당들이 많이 밀집되어 있다. 오후에 물놀이를 마친 후 아름다운 석양을 보며 꿀맛같은 식사를 즐길 수 있다

미리보기

드래곤 브릿지
Dragon Bridge

주소	Dragon Bridge, Nguyễn Văn Linh, Phước Ninh, Sơn Trà, Đà Nẵng
위치	다낭뮤지엄 오브참 스컬프쳐 맞은편 다리
가격	무료
이용시간	11:00 – 14:00, 17:00 – 22:00
홈페이지	http://tourism.danang.vn
이용 TIP	드래곤 브릿지 쇼 진행중에는 교통이 통제됨

선정이유?

다낭가면 다들 한번쯤 보고 온다는 용머리!　　분위기 ★★★　　만족도 ★★☆

드래곤 브릿지는 말 그대로 용모양의 다리이다. 동양에서 용은 힘과 부를 상징한다. 운영 시간에 따라 다양한 색깔의 빛이 나고 용머리에서는 불이나 물을 뿜기도 한다. 용머리가 있는 곳에서는 레스토랑이나 수상 카페 그리고 요트체험장과 같은 볼거리들이 있다. 드래곤 브릿지는 야경이 특히 멋지다. 금방이라도 승천할 것 같은 생동감이 사진으로도 전해진다. 실제로 보면 더욱 아름답고 멋지다.

미리보기

바나힐
Ba na hills

주소	Nhà máy nước Sân Bay, Trường Chinh, Hòa Thuận Tây,
위치	다낭시내에서 택시로 1시간
가격	600,000동
이용시간	06:00 – 24:00
홈페이지	www.banahills.com
시설안내	케이블 카, 호텔, 리조트, 레스토랑, 카페, 놀이동산 등

선정이유?

산위에서 즐기는 놀이공원의 모든것!

분위기 ★★☆　　만족도 ★★★

바나힐은 해발 1500m에 자리잡고 있어 세상에서 두번째로 긴 케이블 카를 타고 올라가야 한다. 유럽 마을을 다낭으로 그대로 옮긴 느낌의 테마파크다. 넓은 정원과 호텔과 리조트 그리고 레스토랑과 놀이공원이 모여있다. 유럽풍이 나는 이유는 베트남이 프랑스 식민지에 속했었을 때 프랑스인들에게 맞게 유럽풍의 마을을 건설할 목적으로 만들어서다. 아름다운 풍경의 이면을 들여다 보면 슬픔과 감동이 고스란히 묻어있는 마을이다.

미리보기

오행산(마블 마운틴)
Marble Mountain

주소	Trường Sa, Quận Ngũ Hành Sơn, Đà Nẵng
위치	빈펄리조트 부근
가격	60,000동 (엘레베이터 이용가격 포함)
이용시간	06:00 – 19:00
홈페이지	http://www.vietnam-guide.com
이용 TIP	엘레베이터로 이동가능

선정이유?

대리석으로 이러한 공간을 만들 수 있음에 감탄　분위기 ★★☆　만족도 ★☆☆

세계 최고의 대리석 산에 있는 베트남의 성지이다. 다섯 개로 구성된 봉우리에는 각각의 뜻이 있다. 나무, 흙, 금속, 불, 물을 나타낸다. 원래 이름은 오행산이었는데 산 전체가 대리석으로 둘러쌓여있어 마블 마운틴이라고 한다. 아주 오래된 과거에는 마블 마운틴 지역이 섬이었다고 한다. 다양한 종교의 사원들이 있고 석상들이 있다. 대리석으로 만든 기념품을 팔기도 하는데 대리석이 아닐 수도 있으니 주의하자.

미리보기

다낭 대성당
Nhà Thờ Chánh Tòa đà nẵng

주소	Nhà Thờ Chánh Tòa đà nẵng, 156 Trần Phú, Hải Châu 1, Q. Hải Châu
위치	다낭시내 중심가
가격	무료
이용시간	05:00 – 17:00
홈페이지	http://www.vietnam-guide.com
시설안내	성당, 천주교

선정이유?

다낭의 역사가 담긴 대성당을 보고싶다면?

분위기 ★★☆　　만족도 ★☆☆

다낭에 있는 대성당은 프랑스가 베트남을 식민지로 지배하에 두었을 때 건설되었다. 외관은 분홍빛이 도는 아름다운 대성당의 자태를 보여준다. 여기서 끝이 아니라 내부로 들어가면 성당의 특징인 스테인드글라스로 장식된 유리창문이 보인다. 햇빛이 들어오면 다양한 색깔로 유리창이 반짝거려 내부 또한 아름답다. 관광할때 대성당 안에서 지나치게 떠들거나 웃음소리를 내면 엄숙한 장례식을 치를 때 피해를 줄 수 있으니 주의하자.

미리보기

골프장 BEST 3

다낭 라운딩 해봤낭 ?

BEST 1	다낭 C.C	—	104
BEST 2	라구나 랑코 골프장	—	105
BEST 3	몽고메리 골프장	—	106

다낭 C.C
Danang Golf Club

주소	Hoa Hai Ward, Ngu Hanh Son
위치	다낭공항, 호이안 근처
가격	주중 240만 동/주말 320만 동
이용시간	오전 5:45~오후 7:30
부대시설	클럽 하우스, 연회실, 야외 테라스
전화번호	+84 511 3958 111

선정이유?

베트남에서 가장 인정받는 골프클럽

분위기 ★★★　　만족도 ★★★

골프를 좋아하는 관광객이라면 다낭을 떠올렸을 때 이 골프장을 가장 먼저 떠올릴 것이다. 베트남 내에 있는 골프코스 중에서도 최고라는 평가를 받고 있다. 규모가 크고 화려한 클럽 하우스가 있고 내부에는 골퍼들을 위한 편의시설이 완벽하게 갖춰져 있어 드라이빙 레인지 연습을 하는데 안성맞춤이다. 또한 연습 도중 쉴 수 있도록 비스트로와 락커룸도 준비되어 있어 한층 더 편안하게 골프를 칠 수 있다.

미리보기

라구나 랑코 골프장
Laguna LANG CO GOLF CLUB

주소	Cu Du Village, Loc Vinh Commune, Phu Loc District, Thua Thien Hue Province
위치	후에 근처
가격	주중 225만 동/주말 285만 동
이용시간	24시간 영업
홈페이지	클럽하우스, 레스토랑, 샤워시설, 락커룸
이용 TIP	드래곤 브릿지 쇼 진행중에는 교통이 통제됨

선정이유?

아름다운 바다와 최고급 라운딩을 즐기고 싶을때 분위기 ★★★   만족도 ★★☆

아름다운 바다와 최고급 리조트를 끼고 있는 난이도 있는 골프코스가 있어 프로도 즐길 수 있고 초급자도 즐길 수 있는 골프장이다. 최신식 시설을 자랑하고 한적한 골프장에서 여유로운 라운딩을 즐길 수 있는 것이 가장 큰 장점이다. 또한, 바다의 해풍을 맞으며 시원하게 골프를 칠 수 있다. 인근에는 베트남 역사적으로 중요한 도시이자 관광지로 유명한 후에가 있다. 누구나 이용할 수 있는 무난한 골프장으로 추천한다.

미리보기

몽고메리 골프장
The Montgomerie Links Vietnam

주소	Dien Ngoc Commune, Dien Ban District, Quang Nam Province
위치	다낭공항 근처
가격	주중 240만 동/주말 320달러
이용시간	오전 6:00~오후 7:00
홈페이지	클럽하우스, 그늘집, 연습장, 주차장, 락커룸
시설안내	+84 510 3941 942

선정이유?

가족여행과 골프를 동시에 만족시키고 싶을때　　분위기 ★★☆　　만족도 ★★★

대리석으로 유명한 마블마운틴을 등지고 있고 20km에 이르는 다낭해변을 마주보고 있다. 주위경관이 뛰어난 덕분에 골프를 친 후 저녁에는 멋진 야경을 볼 수 있다. 기본적으로 다낭은 골프가 비싸고 18홀까지 밖에 안 해주는 것을 참고하자. 여기에 오는 사람들은 대부분 가족여행으로 많이 온다. 리조트를 이용하면 골프도 칠 수 있다는 장점이 있기 때문이다. 다낭시내에도 가까워 여유롭게 골프치기에 적합하다.

미리보기

03

다낭 여행계획 세워볼까낭?

108 컨셉별 투어일정 안내
1박2일, 3박4일, 4박5일, 일주일,
자녀, 부모님, 남자끼리, 여자끼리

114 자주찾는 투어 & 일정소개
영흥사/오행산 ▶ 미케비치 ▶ 바나힐 ▶
박물관 ▶ 롯데마트 ▶ 다낭대성당 ▶ 용다리

130 다낭의 밤문화
맛보기로 알아보는 다낭 밤문화 및 언어

투어일정 1박 2일
다낭 1박: 다낭 시내관광 → 물놀이 → 야경감상 → 다낭 체크아웃 투어

1박 2일 투어는 호치민이나 하노이 구경을 마치고 다낭공항에서
출국하는 목적으로 잠시 들리는 이들이 대부분이다.

투어일정 3박 4일
다낭 3박: 다낭 시내관광 → 물놀이 → 호이안 잭트랜스 → 바나힐 체크아웃

가족여행으로 많이 오는 3박 4일 코스의 경우, 다낭을 만끽하며
여유롭게 시간을 보내고자 하는 이들에게 추천한다.

다낭뿐 아니라 베트남 고유의 분위기를 고스란히 느낄 수 있는
호이안까지 한번에 경험하고 싶은 이들이 선택하는 코스다.

다낭 시내관광

물놀이

바나힐 체크아웃

미선호이안

호이안 잭트랜스

안방비치에서 물놀이를 목적으로 오는 서퍼들이나 장기간
다낭에서 묵고자 하는 이들에게 추천하는 코스다.

다낭야경

미선호이안

호이안 잭트랜스

다낭시내

공항

바니힐

후에

물놀이

아이들과 함께라면

바나힐 투어 → 호이안 잭트랜스 투어
→ 물놀이 → 다낭 체크아웃 투어

여유롭게 마사지를 받으며 아이들이 뛰어노는 것을 보는 코스는 없을까?
바나힐과 호이안 잭트랜스 투어를 선택한다면 가능하다.

바나힐 투어

호이안 잭트랜스 투어

다낭 체크아웃 투어

물놀이

부모님을 모시고올땐

후에/미선호이안 → 물놀이
→ 바나힐투어 → 호이안 체크아웃 투

베트남의 역사에 대해 알고 싶어하고, 여유롭게 유적지를 거늘고
싶어하는 부모님을 위한 맞춤형 코스를 짤 수 있다.

후에 또는 미선호이안

물놀이

호이안 체크아웃 투어

바니힐 투어

남자끼리 왔다면

바나힐투어 → 호이안 투어
→ 래프팅 투어 → 클럽과 펍

다낭의 래프팅은 액티비티를 좋아하는 남자들이 선호하는 투어중 하나이다.
낮에는 액티비티하게! 저녁에는 다낭 클럽 GoGo!

바나힐 투어

호이안 투어

클럽과 펍

래프팅 투어

여자끼리 왔다면

바나힐 투어 → 호이안 투어
→ 마사지 투어 → 루프탑 Bar

여자끼리 맛집을 찾아다니고 마사지를 받으면서 여유로운 시간을 보내보자.
저녁에는 다낭 시내가 보이는 루프탑바에서 칵테일 한잔?

바나힐 투어

호이안 투어

루프탑 Bar

마사지 투어

단독가족투어 〈호이안 투어〉

다른 동남아시에서 볼 수 없는 사뭇 다른 풍경의 신비로운 축제 도시. 시간이 멈춰버린 느낌을 받고 싶다면, 소원초 띄우기행사와 베트남 전통의상 아오자이를 입고 사진을 찍는 호이안투어에 참여해보자. 네이버카페〈베트남다낭자유여행가이드〉와 〈다낭할인쿠폰〉을 통해 예약가능하다

단독가족투어 〈바나힐 투어〉

아이들을 위한 놀이시설과 어른들을 위한 마사지, 키즈클럽까지 완벽한 장소인 바나힐. 온가족을 위한 완벽한 투어코스로 부지가 넓고 복잡해 가이드의 안내를 받으며 안전하게 관광가능하다. 네이버카페〈베트남다낭자유여행가이드〉와 〈다낭할인쿠폰〉을 통해 예약가능하다.

단독가족투어 〈후에 투어〉

단독진행하는 투어로 베트남 마지막 왕조의 역사를 느껴볼 수 있다. 왕궁해설사, 전동카로 움직이기 때문에 부모님을 모시고 가기 좋다. 다낭에서 맛볼 수 있는 현지식사가 포함되어 있다. 네이버카페〈베트남다낭자유여행가이드〉와 〈다낭할인쿠폰〉을 통해 예약가능하다.

단독가족투어 〈미선+호이안 투어〉

여행일정을 빽빽하게 잡은 분들을 위해 알뜰하게 반나절코스로 미선+호이안을 둘러볼 수 있는 투어이다. 한 번 이동하는 김에 두가지 코스를 모두 돌아보며 시간과 비용을 절감할 수 있다. 네이버카페〈베트남다낭자유여행가이드〉와 〈다낭할인쿠폰〉을 통해 예약가능하다.

단독체크아웃투어 〈바나힐 투어〉

공항가기전 1분도 놓치고 싶지 않다면? 다낭씨티투어와 링엄사의 해수관음상까지 한번에 둘러볼 수 있는 코스이다. 바나힐의 케이블카도 타면서 다낭에서 인생샷 촬영할 수 있는 곳을 안내해준다. 네이버카페〈베트남다낭자유여행가이드〉와 〈다낭할인쿠폰〉을 통해 예약가능하다.

단독체크아웃투어 〈호이안 투어〉

조금 더 편안하고 여유롭게 비행기를 기다리고 싶다면? 시간이 멈춘 호이안의 올드타운과 투본강의 편안함. 야시장의 생동감과 황홀한 등불구경까지 훈훈하게 여행을 마무리하 싶다면? 네이버카페 〈베트남다낭자유여행가이드〉와 〈다낭할인쿠폰〉을 통해 예약가능하다.

단독,조인 투어 〈호이안 잭트랜스 투어〉

매번 똑같은 투어는 싫어. 기존 에코투어와 달리 오행산과 호이안 야경투어까지 하나로 묶어버린 투어! 버팔로 타고 놀기, 자전거로 전통마을 투어에 이어 선상 쿠킹클래스까지! 대박! 네이버카페〈베트남다낭자유여행가이드〉와 〈다낭할인쿠폰〉을 통해 예약가능하다.

단독&조인 투어 〈래프팅 투어〉

다낭에서 1시간 떨어진 산들과 계곡사이에서 이루어지는 래프팅은 자연의 아름다움을 만끽할 수 있는 투어이다. 짜릿한 오션스포츠를 즐기고 싶은 남자, 여자분들에게 강추. 4~10월 사이 가능. 네이버카페〈베트남다낭자유여행가이드〉와 〈다낭할인쿠폰〉을 통해 예약가능하다.

1박 2일

조식 | 영흥사/오행산 | 점심 | 다낭 대성당 | 미케비치 | 저녁 | 마사지

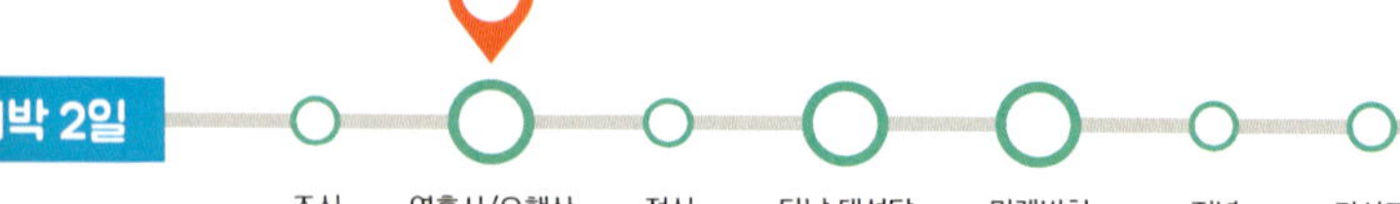

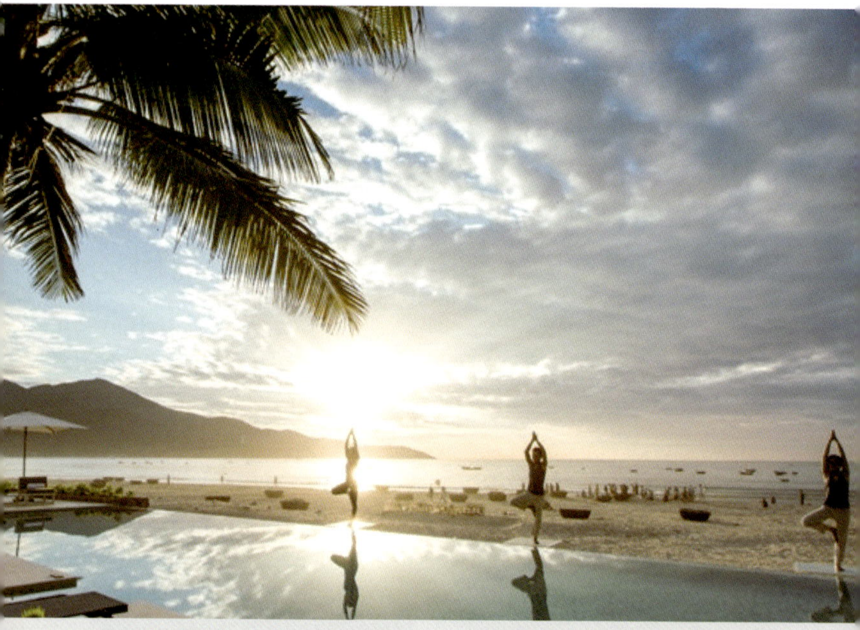

조식 후 영흥사/ 오행산 투어

Marble Mountain

1박 2일의 첫날 시작

드디어 다낭에서 첫날 아침이 밝아왔다. 식사도 하지 않고 바로 뛰어나가고 싶지만 우선은 호텔에서 조식으로 배를 든든하게 채우자. 다낭 시내의 대부분의 호텔 조식은 먹음직스럽게 음식이 나온다. 다음으로 다낭 시내에서 택시를 잡아 선짜반도에 위치한 영흥사로 가자고 하자. 영흥사/오행산에 있는 해수관음상은 56미터의 거대한 높이를 자랑하며, 베트남 해변을 바라보며 우뚝 서있다.

여기서 바라보는 해변은 여행객들의 시선을 끌기에 충분하다. 영흥사 관광을 마쳤다면 택시로 30분거리에 있는 오행산으로 해변을 구경하며 이동한다. 서유기의 손오공이 오천년동안 깔려있었다는 전설의 산이다. 전망대에서 다양한 사진을 찍고 점심을 먹으러 가자!

다낭대성당으로 이동을 하기 전 베트남 남부 전문요리 엑스터시 레스토랑에서 점심식사를 하자. 아이들에게 기억에 남을 만한 음식을 먹을 수 있으며 직원들의 친절한 서비스에 감동을 받을 것이다.

조식　　다낭 박물관　　점심　　롯데마트　　저녁　　용다리　　마사지

박 2일

조식 영흥사/오행산 점심 다낭 대성당 미케비치 저녁 마사지

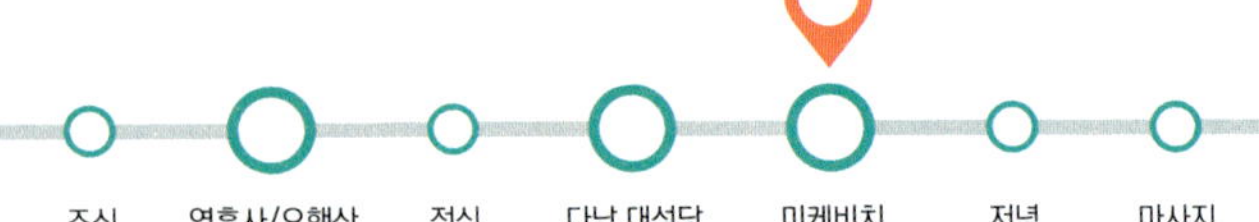

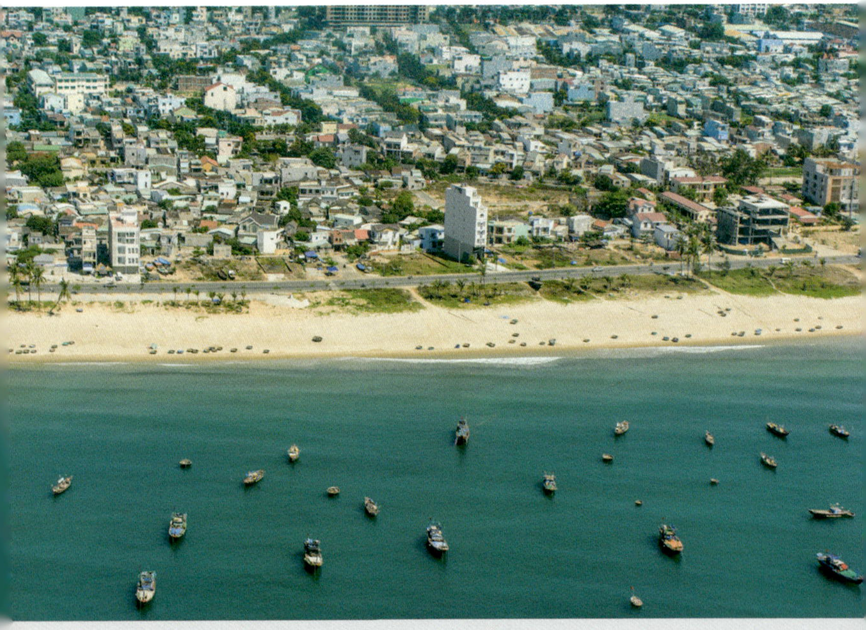

미케비치

My Khe Beach

다낭의 보물을 발견하는날

다낭의 역사를 한몸에 기억하고 있는 다낭대성당. 성당의 외벽이 따듯한 핑크색으로 되어 있어 사진 찍기에도 좋다. 간단히 둘러본 후 햇빛 없이 물놀이 하기에 안성맞춤인 미케비치로 다시 이동하자.

세계 6대 해변으로 꼽히는 미케비치에서 일행들과 즐거운 시간을 보내자. 다낭은 도둑, 문맹자, 극빈자, 거지 마약소지자가 없다하여 예로부터 오무의 도시라 불린다. 다낭에서의 첫날 저녁은 베트남의 전통을 고스란히 담은 람비엔를 추천한다. 식사후 고즈넉히 산책을 할 수 있고 아름다운 경관을 볼 수 있으니 말이다. 이곳의 밤은 음악과 춤이 공존한다.

이후 람비엔과는 멀리 떨어져 있지 않은 하타스파 마사지 샵에 가서 고급스러운 마사지를 받으며 다낭에서의 하루를 마무리 하자.

조식
다낭 박물관
점심
롯데마트
저녁
용다리
마사지

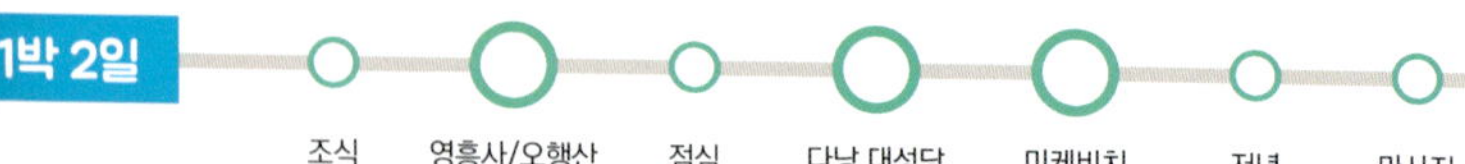

다낭박물관
Museum of Danang

다낭을 마음으로 바라보기

    다낭에서 둘째날이 밝아왔다. 호텔에서 조식을 든든하게 먹고 하루를 시작하자. 호텔 조식 이외에 베트남 전통 음식을 맛보고 싶다면 호텔 주변의 음식점에 용기있게 들어갈 볼 것도 추천한다. 식사를 마쳤으면 용다리 바로 앞에 있는 다낭 박물관으로 향하자. 다낭박물관은 베트남의 오랜역사와 전쟁 전후의 모습 그리고 다양한 이야기들을 한자리에서 볼 수 있다. 다만 한국어 지원이 안되니 관광가이드나 현지인 교민관광센터를 통해서 사전지식을 쌓고 가도록 하자. 영국의 시인가겸 평론가인 사무엘 존슨(Samuel Johnson, 1709~1784)도 이렇게 말하지 않았는가. "여행에서 지식을 얻어 돌아오고 싶다면 떠날 때 지식을 몸에 지니고 떠나야 한다."

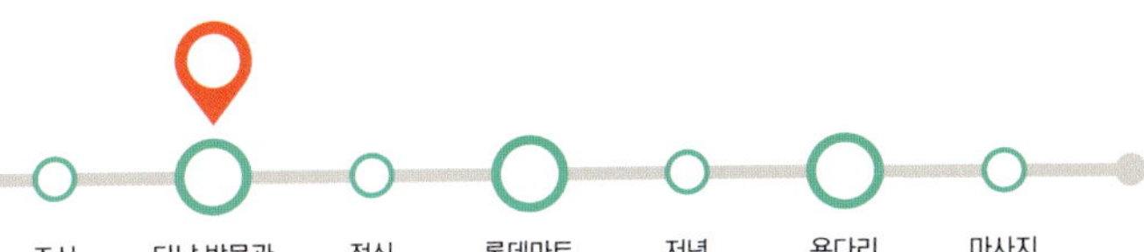

조식
다낭 박물관
점심
롯데마트
저녁
용다리
마사지

롯데마트
Lotte Mart

먹거리, 선물거리 가득

　　다낭 박물관을 구경을 마쳤으면 이제 식사를 하러 가자. 식사는 현지인들 사이에서도 소문이 난 버거브로스를 추천한다. 버거브로스 수제버거를 또 먹고싶어 다낭에 간다는 사람도 있었으니, 그만큼 맛은 보장한다. 박물관에서 그리 멀지 않으니 식사 전후 충분히 구경 할 수 있다. 식사를 마쳤다면, 지인들에게 줄 선물도 사고 다낭의 시장을 둘러볼 수 있는 롯데마트로 가자. 다낭에 가면 꼭 사와야하는 G7커피를 비롯해 다양한 선물을 양껏 골라도 한국보다 저렴하다는 것을 느낄 수 있다. 남은 오후 시간을 롯데마트에서 보내도 시간이 모자라지 않을까?

조식
다낭 박물관
점심
롯데마트
저녁
용다리
마사지

용다리
Dragon Bridge

다낭의 사진 포인트는 이곳!

　　다낭에서의 마지막 저녁은 웨스턴스타일의 조용한 Retro Kitchen & Bar에서 즐기는 것이 어떨까? 음식은 조화롭고 아름답다. 눈도 즐겁고 맛도 좋다. 커플끼리 간다면 최고의 장소이지만 가족 친구와 가서 추억을 남기기에도 최고의 장소가 아닐까 한다. 식사 후에는 다낭의 1박2일을 마무리할 용다리로 향한다. 매주 토/일 오후9시에 용다리 불쇼를 하니 이것만은 꼭 구경을 하면서 기념 사진을 찍자. 여행이 끝나고 나면 사진밖에 남는 것이 없으니 말이다. 시간이 남으면 용다리 근처 콩카페에서 코코넛 커피 한잔을 하고 공항으로 떠나자.

123

미케비치
My Khe Beach

미케비치를 바라보며 즐기는 여유

2박 3일 일정은 조금 여유롭게 움직이자. 새벽에 다낭에 도착했다면 푹자고 일어나 숙소내에 있는 수영장에서 여유롭게 오전을 보내자. 조식을 건너 뛰었다면 리조트내에 있는 바에서 클럽 샌드위치로 간단하게 배를 채워도 된다. 점심까지 여유있게 숙소에서 먹고 영흥사로 출발하자. 레이디 붓다를 바라보며 여유롭게 사진도 찍고 미케비치의 전망을 한눈에 구경을 하자.

한낮에는 너무 더우니 중간에 카페에서 잠시 쉬었다가 오행산으로 이동하여 오행산의 신비를 오롯이 감상하자. 에메랄드 빛이 나는 미케비치로 와서 패러세일링, 바나나보트, 요트 등 수상스포츠도 즐겨보는 건 어떨까? 하루를 열심히 보냈으니 다낭에서 가장 맛있는 저녁을 먹으러 가자. 바빌론 스테이크가든을 찾아 돌판위에 올려진 스테이크를 먹으며 다낭에서의 첫날의 들뜬 기분을 마무리 하자. 식사를 끝냈으면 다낭에서 가장 가성비 좋은 월드스파로 가서 하루의 피곤함을 풀어보는건 어떨까?

조식
다낭 박물관
점심
롯데마트
저녁
다낭대성당
공항

바나힐
Ba na hills

다낭에서 맛보는 놀이공원

　　다른 날보다 조금 일찍 일어나도록 하자. 다낭시내에서 30분 정도 떨어진 바나힐로 이동을 해야 하기 때문이다. 오토바이에 자신이 있다면 오토바이 투어를 추천한다. 바나힐 내에는 성당과 각종 놀이기구, 오락시설이 있다. 수시로 안개가 끼는 바나힐에서 시간가는 줄 모르고 즐길 수 있으니 시간을 수시로 체크 하면서 보내도록 하자.

　　바나힐에서 오전, 오후를 즐겁게 보냈다면 시내로 돌아오자. 하루종일 바나힐을 돌아다니면서 고생했을 몸과 마음을 쉬어줄 때이다. 숙소에서 가까운 식당을 가는 것도 추천하지만 이왕이면 Best5 선정한 식당에서 베트남의 맛을 즐겨보도록 하자.

조식
다낭 박물관
점심
롯데마트
저녁
다낭대성당
공항

BaNa

다낭대성당

Nhà Thờ Chánh Tòa đà nẵng

다낭을 여유롭게 즐기며...

20세기 최고의 작가 중 한명으로 꼽히는 프랑스 소설가 마르셀 프르스트(Marcel Proust, 1871 – 1922) 이렇게 말했다. "진정한 여행은 새로운 풍경을 보는 것이 아니라 새로운 눈을 가지는데 있다." 여유롭게 풍경만 보고 마무리 하는 것이 여행이 아니라는 것이다.

이제 다낭에서 마지막 날이 밝아왔다. 마르셀푸르스트의 말처럼 진정한 여행을 하기 위해서는 새로운 풍경만을 보는 것이 아니라 그 나라의 역사와 지리 언어와 습관을 봐야하지 않을까? 다낭의 박물관을 돌아다니면서 지금까지 현지인들과 이야기를 해보지 않았다면 한번 시도해보는 것은 어떨까? 점심을 든든하게 먹고 롯데마트로 출격(?) 준비를 하자!

충동구매 할 수 있으므로 반드시 선물을 줄 사람, 개수, 예상비용을 수첩에 적어가지고 쇼핑을 하도록 하자. 롯데마트 쇼핑을 마쳤으면 다낭 대성당을 찾아가 마지막 다낭 기념사진을 찍고 공항으로 출발하자. 다시보자 다낭!

129

주소 36 Bach Dang Street, Hai Chau District, Da Nang, 551291   **위치** 다낭 박물관 근처   **전화** 84 511 3929 999
요금 50.000₫ – 200.000₫   **영업시간** 07:00 ~ 02:00

노보텔 스카이 36 라운지 클럽
Hotel Novotel Danang Premier Han Rive

다낭의 고품격 라운지 클럽

알만한 사람은 모두가 아는 다낭에서 가장 중심적이고 대중적인 클럽이다. 노보텔 35, 36층에 위치해 있다. 여성은 드레스코드가 따로 없지만 남성은 긴바지와 신발(운동화, 구두 등)을 신어야 한다. 노보텔 스카이라운지는 다낭에서 가장 유명한 스카이라운지 클럽 중 한곳이다. 야외 스카이라운지를 운영 중이며 평일 저녁 10시 이전에 간다거나 비가오는 날이면 사람이 많이 없어 파티의 기분을 느끼기 어려움으로 미리 날씨를 확인해야 한다.

풍동 나이트클럽
NEW PHUONG DONG

다낭 최대규모 나이트클럽

노보텔 스카이 36 라운지 클럽 근처에 있으며 다낭 최대 규모의 나이트클럽이다. 베트남 유명 가수가 공연을 하기도 하고 다양한 쇼가 펼쳐진다. 베트남 현지인들 뿐만 아니라 외국인 관광객들도 많이 찾는다. 테이블잡고 자신이 먹은 맥주는 테이블 아래에 그대로 보관이 되기 때문에 병 숫자를 속이거나하는 것에 염려할 필요는 없다.

한국에서의 클럽같다고 하기에는 나이트 클럽같은 분위기이고 그렇다고 나이트클럽이라고 하기에는 음악이 너무 세련되어 있다. 유명한 노래가 나오면 다같이 떼창을 부르기도 하는 분위기이다. 다낭에서 가장 크고 깨끗한 나이트클럽으로 유명하기 때문에 여자끼리도 많이 찾곤 한다.

주소 Disco club in Da Nang, Vietnam · Thuận Phước   위치 노보텔라운지 근처   전화 +84 511 3470 541
요금 20.000₫ – 150.000₫   영업시간 19:00 ~ 24:00

밤문화 **BEST 3**

세븐틴 살롱 다낭
seventeen saloon danang

베트남에서 만나는 서양스타일 펍

세븐틴 살롱 다낭은 다낭에서 만나볼 수 있는 몇 안되는 서양식 스타일의 pub과 라이브 밴드를 운영하는 곳이다. 그래서인지 현지인중에서도 부자들만 알고 오는곳이며, 유럽에서 여행을 온 여행객들을 상대로 밴드와 노래 술이 준비되어 있다. 카우보이 의상을 입고 있는 남녀 서빙웨이터들이 술을 다 마시는 순간 잽싸게 새로운 술병을 열어 테이블 위에 놓을 수 있다. 넋놓고 밴드 노래를 듣고 있다가 내가 몇병 마시는지도 모르고 술값을 계산할 수 있으니 주의하자.

다낭에서 현지 스타일이 아닌 새로운 스타일 형식의 펍을 만나고 싶다면, 귀를 즐겁게 해주는 노래를 듣고 싶다면 적극적으로 추천한다.

주소 Trần Hưng Đạo, An Hải Bắc, Sơn Trà, Da Nang **위치** 용다리 건너 다낭몰리 커피 근처 **전화** 84 511 3917 917
요금 30.000₫ – 165.000₫ **영업시간** 07:00 AM – 12:00 PM

밤문화 단어

밤문화 용어

얼마입니까?	Bao nhieu (바우 니-우)
깍을 수 있습니까?	Vat duoc khong (벗 드윽 콩)?
계산서 주세요	Tuyên bố xin (띤(떤) 띠엔)
사랑해요	Anh yeu em (안 유 엠)
보고싶어요	Em nho anh (엠 녀 안)
못생김	không gây (허응 거 이)
트렌스젠더	chuyển giới (추옌 지이)
전화해요	điện thoại (디엔 똬이)
당신의 이름은?	chị Tên gì? (찌 뗀지)
빨리빨리	nhanh (냥)
천천히	chậm (짬)

다낭자유여행 또 오낭?

여행을 마치고 일상으로 돌아오는 길이면 항상 일장춘몽 (一場春夢, 한바탕의 봄 꿈이라는 뜻)말이 불현듯 떠오른다. 특히나 베트남 다낭처럼 여유롭고 느긋하게 하루를 보낼 수 있는 곳이면 더욱더 그러하다.

이번 〈베트남 자유여행 다낭〉은 다낭을 갈때 꼭 알아야할 것, 그리고 다낭에서 만 만날 수 있는 맛집, 풀빌라, 리조트, 마사지, 쇼핑, 관광지 등을 보기 좋게 정리 했다. 특히나 많은 이들이 궁금해 했던 컨셉별 리조트와 투어도 말이다.

이번 책이 다낭에 대한 꼭 알아야할 내용을 듬뿍 담았다면 이어질 새로운 책에 는 다낭의 이야기들 즉 다낭의 숨겨진 보물, 다낭의 사람들, 다낭의 여행객들의 이 야기를 집중적으로 담아볼것이다. 다낭에서 단순 추억뿐 아니라 평생 간직할 스토 리도 함께 담아갈 수 있도록 말이다.

마지막으로 다낭에서 돌아오는 비행기에서 우연히 읽은 파올로 코엘료 (Paulo Coelho, 1974~)의 말을 빌어 책을 마무리하고자 한다.

"여행은 언제나 돈의 문제가 아니고 용기의 문제다"
- 파울로 코엘료

베트남자유여행

다낭

초판 1쇄 인쇄 | 2016년 11월 25일
초판 2쇄 발행 | 2016년 12월 28일

지은이 | 조영선, 김세현
편집 | 장영광, 이대성, 곽유미
디자인 | 조보라
발행처 | 다낭북스
출판등록 | 제2014년 7월 24일, 제2014-02호
전화 | 02) 2060-2938
팩스 | 02) 6918-4190
메일 | stevenjangs@gmail.com

ISBN 979-11-87854-70-0